基督教文化研究丛书

主编 何光沪 高师宁

六编 第 **5** 册

灵验与拯救：乡村基督徒的信仰与生活（上）

梁振华 著

花木兰文化事业有限公司

国家图书馆出版品预行编目资料

灵验与拯救：乡村基督徒的信仰与生活（上）／梁振华 著——
初版——新北市：花木兰文化事业有限公司，2020〔民109〕
目 4+164 面；19×26 公分
（基督教文化研究丛书 六编 第 5 册）
ISBN 978-986-518-081-2（精装）
1. 基督徒 2. 信仰
240.8   109000617

ISBN-978-986-518-081-2

9 789865 180812

基督教文化研究丛书
六编 第 五 册   ISBN：978-986-518-081-2

灵验与拯救：乡村基督徒的信仰与生活（上）

作　　者 梁振华
主　　编 何光沪 高师宁
执行主编 张　欣
企　　划 北京师范大学基督教文艺研究中心
总 编 辑 杜洁祥
副总编辑 杨嘉乐
编　　辑 许郁翎、张雅淋　美术编辑 陈逸婷
出　　版 花木兰文化事业有限公司
发 行 人 高小娟
联络地址 台湾 235 新北市中和区中安街七二号十三楼
　　　　　电话：02-2923-1455 ／传真：02-2923-1452
网　　址 http://www.huamulan.tw 信箱 hml810518@gmail.com
印　　刷 普罗文化出版广告事业
初　　版 2020 年 3 月
全书字数 277675 字
定　　价 六编 8 册（精装）台币 20,000 元

灵验与拯救:乡村基督徒的信仰与生活(上)

梁振华 著

作者简介

梁振华（1984-），山西五台人，中国农业大学农村发展与管理专业博士。现为山西大学哲学社会学学院副教授，硕士生导师，研究领域为宗教社会学与农村发展研究。主持国家社科基金青年项目、教育部人文社会科学研究青年基金项目、山西省高校哲学社科研究一般项目各一项，入选三晋英才青年优秀人才。近年来在 The Asia Pacific Journal of Anthropology、中国农业大学学报（社会科学版）、西南民族大学学报（人文社会科学版）、西北人口等学术刊物发表论文数篇。

提　　要

　　本书按照个人－群体－社区的顺序，考察了乡村基督徒人神关系的建立、个体与信仰群体的互动以及教会在村落变迁中的位置和角色。陈村教会个案说明，农民委身基督教之初与信仰本身并无直接相关关系，而是与生命历程中发生的以疾病患难为表征的危机性事件有关，教堂和聚会点为中心的场所成为信徒宗教活动的主要场域。基督徒通过聚会、唱诗、祷告、听道、捐献等方式会遇基督教，逐渐重塑了个体的身份认同，构建了信徒与非信徒之间的信仰边界。

　　教会通过"以堂带点"的模式发展信徒，逐渐形成了以教务组为核心的宗教权威群体。在村庄空心化的背景下，教会的发展面临诸多挑战，例如信徒外出务工、传道人宗教知识欠缺且无工酬、信徒年龄结构脱节、聚会人数减少、异端邪教争夺信徒、信仰与实践偏离等，教会进一步发展的空间正在压缩。基督教为乡民提供了一种跨越村际边界的新的交往方式，其借助复杂的地缘和血缘关系，为成员提供了某种社会支持网络。基督教与中国传统文化相互吸纳和融合，形成了"中国民间基督教"，最终形成乡村基督徒"灵验与拯救"结合的信仰诉求。在离土时代，中国乡村的传统和价值正在解体，乡村文化的再生产面临挑战，乡土文化重建成为我们时代新的重要议题。

本书为2016年教育部人文社会科学研究青年基金项目"城市化进程中乡村基督徒的信仰与生活研究"（项目批准号：16YJCZH054）资助的研究成果

"基督教文化研究丛书"总序

何光沪 高师宁

　　基督教产生两千年来，对西方文化以至世界文化产生了广泛深远的影响——包括政治、社会、家庭在内的人生所有方面，包括文学、史学、哲学在内的所有人文学科，包括人类学、社会学、经济学在内的所有社会科学，包括音乐、美术、建筑在内的所有艺术门类……最宽广意义上的"文化"的一切领域，概莫能外。

　　一般公认，从基督教成为国教或从加洛林文艺复兴开始，直到启蒙运动或工业革命为止，欧洲的文化是彻头彻尾、彻里彻外地基督教化的，所以它被称为"基督教文化"，正如中东、南亚和东亚的文化被分别称为"伊斯兰文化"、"印度教文化"和"儒教文化"一样——当然，这些说法细究之下也有问题，例如这些文化的兴衰期限、外来因素和内部多元性等等，或许需要重估。但是，现代学者更应注意到的是，欧洲之外所有人类的生活方式，即文化，都与基督教的传入和影响，发生了或多或少、或深或浅、或直接或间接，或片面或全面的关系或联系，甚至因它而或急或缓、或大或小、或表面或深刻地发生了转变或转型。

　　考虑到这些，现代学术的所谓"基督教文化"研究，就不会限于对"基督教化的"或"基督教性质的"文化的研究，而还要研究全世界各时期各种文化或文化形式与基督教的关系了。这当然是一个多姿多彩的、引人入胜的、万花筒似的研究领域。而且，它也必然需要多种多样的角度和多学科的方法。

　　在中国，远自唐初景教传入，便有了文辞古奥的"大秦景教流行中国碑颂并序"，以及值得研究的"敦煌景教文献"；元朝的"也里可温"问题，催生了民国初期陈垣等人的史学杰作；明末清初的耶稣会士与儒生的交往对话，带来了中西文化交流的丰硕成果；十九世纪初开始的新教传教和文化活动，更造成了中国社会、政治、文化、教育诸方面、全方位、至今不息的千古巨变……所有这些，为中国（和外国）学者进行上述意义的"基督教文化研究"提供了极其丰富、取之不竭的主题和材料。而这种研究，又必定会对中国在各方面的发展，提供重大的参考价值。

就中国大陆而言，这种研究自 1949 年基本中断，至 1980 年代开始复苏。也许因为积压愈久，爆发愈烈，封闭越久，兴致越高，所以到 1990 年代，以其学者在学术界所占比重之小，资源之匮乏、条件之艰难而言，这一研究的成长之快、成果之多、影响之大、领域之广，堪称奇迹。

然而，作为所谓条件艰难之一例，但却是关键的一例，即发表和出版不易的结果，大量的研究成果，经作者辛苦劳作完成之后，却被束之高阁，与读者不得相见。这是令作者抱恨终天、令读者扼腕叹息的事情，当然也是汉语学界以及中国和华语世界的巨大损失！再举一个意义不小的例子来说，由于出版限制而成果难见天日，一些博士研究生由于在答辩前无法满足学校要求出版的规定而毕业受阻，一些年轻教师由于同样原因而晋升无路，最后的结果是有关学术界因为这些新生力量的改行转业，后继乏人而蒙受损失！

因此，借着花木兰出版社甘为学术奉献的牺牲精神，我们现在推出这套采用多学科方法研究此一主题的"基督教文化研究丛书"，不但是要尽力把这个世界最大宗教对人类文化的巨大影响以及二者关联的方方面面呈现给读者，把中国学者在这些方面研究成果的参考价值贡献给读者，更是要尽力把世纪之交几十年中淹没无闻的学者著作，尤其是年轻世代的学者著作对汉语学术此一领域的贡献展现出来，让世人从这些被发掘出来的矿石之中，得以欣赏它们放射的多彩光辉！

2015 年 2 月 25 日
于香港道风山

目次

上　册

第一章　导　论 …………………………………………… 1
　1.1　研究缘起 ………………………………………… 1
　1.2　文献综述 ………………………………………… 4
　1.3　研究方法与研究过程 ………………………… 22

第二章　记忆中的田野 ………………………………… 29
　2.1　进入田野 ……………………………………… 29
　2.2　"我"的角色 …………………………………… 35
　2.3　陈村周边 ……………………………………… 39
　2.4　教会历史 ……………………………………… 47

第三章　基督信仰作为疾病治疗的替代方案 ……… 55
　3.1　因病信教：农民信教的直接动机 …………… 55
　3.2　替代治疗：从民间巫医到基督耶稣 ………… 57
　3.3　神医结合：本土解释与灵验驱动 …………… 64
　3.4　身体康复：生计调整与生活改善 …………… 66
　3.5　小结和讨论 …………………………………… 68

第四章　会遇基督教 …………………………………… 71
　4.1　主日敬拜：以教堂活动为中心 ……………… 72
　4.2　团契生活：以聚会点活动为主 ……………… 91
　4.3　教义习得：宗教知识阐释与理解 ………… 102
　4.4　小结和讨论 ………………………………… 115

第五章　重塑身份认同 ……………………………… 119
　5.1　身份认同："我们是神的儿女" …………… 120
　5.2　家庭内部：角色调整与关系变化 ………… 130
　5.3　人际交往：教外关系延续与教内关系扩展 … 145
　5.4　教外看教：以"祭祖冲突"为焦点 ……… 155
　5.5　小结和讨论 ………………………………… 162

下　册

第六章　拓展灵性资本 …………………………… 165
6.1 互助行为式微：从帮工到觅工 …………… 166
6.2 主内互助：以农业换工为例 ……………… 172
6.3 教会服务：以"探访"为例 ……………… 180
6.4 小结 ………………………………………… 186

第七章　构建信仰共同体 ………………………… 189
7.1 教会结构与运行："以堂带点"的发展模式… 190
7.2 宗教权威：自我构建与决策参与 ………… 203
7.3 公共空间重塑：教堂修建的意外后果……… 209
7.4 小结 ………………………………………… 219

第八章　参与公共事务 …………………………… 221
8.1 精英俘获：村干部的实践策略 …………… 223
8.2 教会与村庄：以村民选举为契合点 ……… 227
8.3 文化生活再造：新型公共生活的诞生 …… 231
8.4 小结 ………………………………………… 239

第九章　结论与讨论 ……………………………… 243
9.1 农民信教：人数增长与"简单"信仰 …… 243
9.2 以"肢体"之名：共同体构建与日常互助… 247
9.3 "空心村庄"：乡村基督教的挑战与未来… 251
9.4 余论：离土中国与乡土重建 ……………… 255

参考文献 …………………………………………… 261

附录一　基督教与乡村社会变迁访谈提纲……… 281

附录二　无尽的人生：访谈对象索引与小传…… 287

附录三　证道经文示例 …………………………… 299

后　记 ……………………………………………… 311

图表目录
图 1-1 技术路线图 ………………………………… 25
图 1-2 基督教与乡村社会变迁分析框架………… 26

表 2-1 陈村周边主要农作物管理及劳动力需求 ……41
表 4-1 主日敬拜时间表…………………………………73
表 7-1 陈村教会执事基本情况 ………………… 194
表 7-2 主日敬拜分工 ………………………… 195
表 7-3 2012 年陈村教会收支表 ………………… 199

第一章 导 论

宗教对人类的生活一直有着牢固的影响，并一直作为人类经验的一个核心部分，影响着我们对于自己生活环境的感知和反应。

——（吉登斯，2009：435）

1.1 研究缘起

对乡村研究略有了解的人都知道，我们以往接触到的乡村研究文献，关注的主题多在"经济发展"或与"发展"有关的组织变迁方面，这种关注重点多少反映了"经济式"地处理当代农村问题的主流取向（张静，2007：1）。举例而言，农民工现象、农村土地流转、农民合作组织、乡村治理、农村贫困与反贫困、乡村振兴等都是学界的主流话题，这些研究所关注的主题大多与乡村的政治或经济制度有关，关于乡村文化尤其是宗教的研究一直处于边缘位置。基于这一现实，本研究聚焦于"基督教在乡村社会快速增长"这一现象，首先描述乡村基督徒的信仰认知途径和伦理重塑，进而探讨信徒个体与组织的互动以及灵性资本的兴起与限制，最终探讨基督教传播对乡村社会变迁的影响。

发端于20世纪70年代末的改革开放，使中国在近三十年来经历了经济、社会、文化快速变革的"大转型"（波兰尼，2007）。伴随中国宗教信仰自由政策的逐步落实，中国正经历一场宗教的复兴运动（杨凤岗，2012），宗教在经历文化大革命的沉重打击之后"死灰复燃"，在短时间内的快速复兴和增长恐怕是这些年最令人惊奇的社会现象之一，其中，农村宗教活动更为活跃，更为广泛。传统的地域性宗教和社区性宗教全面回归，新兴宗教与救赎宗教，以及所谓"邪教"，一度在较大范围乃至全国快速传播，跨国性宗教活动如佛教、基督教、伊斯兰教的某些教派在农村人口中日益壮大（梁永佳，2015），但是其中要数基督教的"迅速发展"最引人注目（张志刚，2011）。据《**中国保障宗教信仰自由的政策和实践**》白皮书显示，中国现有基督教信徒 3800 多万人，基督教教堂和聚会点约 6 万处[1]。

宗教与发展分属于人类社会两个不同的领域，宗教主要关注神圣信仰、精神生活、神秘体验、来世永生，发展关注消除贫困、经济发展、社会进步、个人福祉。尽管宗教如同性别一样，非常重要且无处不在，不论是热情的皈依者、不可知论者，还是彻底的宗教拒绝者，宗教在每个社会都会影响人们生活的各个方面（Rakodi，2011）。然而，二战之后，实现现代化成为后发展国家的渴望，以经济增长理论和现代化理论为核心的发展主义意识形态逐渐成为占据霸权地位的主流话语，传统宗教与文化被假设为实现现代化的阻碍因素，宗教的世俗化成为支配个人情感的重要因素。于是，在主流的发展理念、政策和实践中，宗教不是被忽略，便是处于一种边缘性的地位（Wilber & Jameson，1980；Deneulin & Rakodi，2011），宗教和灵性也成为一种发展的禁忌（Beek，2000）。这一结果的出现受多重因素的影响，例如：对很多发展实践者来说，宗教始终作为一种并不存在的力量而一直没有获得他们的承认，因为在他们的头脑中，宗教与国家是分离的，发展与信仰问题之间并没有显著的关系（Marshall，2001）。

宗教已经成为发展进程中一个被遗忘的因素，宗教与发展之间一直存在某种不稳定的关系（Selinger，2004）。同时，对"宗教与发展"的研究既是复杂的，也是敏感的，争论一直都存在。相关研究被忽视的原因涉及多个方面，例如：对宗教的批评者认为：宗教信仰的超验性观念与现代科学知识互不相容；很多宗教的必要条件是委身者捐款，赞成教义信条且在宗教权威里服从信条，这些剥夺了享有自由和能动性的人们；很多宗教信仰和实践阻碍社会变迁，因此抑制教育、健康、性别平等方面的进步；从历史上看，宗教霸权的欲望已经导致了竞争、冲突与暴力。支持者则正好相反，他们强调个体通

1　中华人民共和国国务院新闻办公室：《中国保障宗教信仰自由的政策和实践》白皮书，新华网，http://www.xinhuanet.com/politics/2018-04/03/c_1122629624.htm，2018-04-26。

过宗教神话、信念、符号和仪式等表达有意义的存在，物质充足并非幸福的全部条件；在主要信仰传统的世界里，宗教信仰和人类与自然资源的责任相联系；宗教提供了一种强有力的动机，为信仰者提供道德认同，并且照顾弱势群体（Rakodi，2007）。其实，社会公正、福祉和进步的意义等发展关注的核心议题恰是世界主要宗教传统数千年来长期关注的主题，例如，贫困作为人类社会的一个古老问题，一直以来都是宗教关注的主要议题，而现在也是发展需要处理的主要问题之一（Marshall，2001）。所以，发展实践必须考虑人们生活中的信仰需求，并且需要识别人们在物质和精神方面的需求，这些需求可能是错综复杂地缠绕在一起的（Bradley，2009）。宗教作为人们价值观和道德准则的主要来源，与关乎人类发展的诸多核心议题密切相关，因此，厘清宗教、国家、社会之间的关系，将宗教带回发展研究，对于挑战发展研究诸多议题的改善至关重要（Deneulin& Rakodi，2011）。

米尔斯（2005：6）指出：

> "我们在各种特定的环境中所经历的事情往往是由结构性的变化引起的。所以，要理解许多个人环境的变化，我们需要超越这些变化来看待它们。在此意义上，影响每一个人的历史乃是世界的历史"。

关于宗教的争论所涉及问题的实质是，宗教到底是促进还是阻碍社会变迁的发生，换句话说，宗教在促进社会进步、提高人民福祉过程中到底是积极因素还是消极因素？应该如何界定宗教，其具体内涵是什么，测量的指标有哪些？宗教研究的范式是什么，是神学的视角、实证主义的视角还是人文主义的视角？宗教研究，应该采取一种局内人的视角，还是一种局外人的视角？换句话说，宗教研究是否应该由信徒进行？等等。诸多问题导致与其他研究相比，宗教研究更加复杂，更加敏感，也更加重要。

今天，中国社会有没有宗教已经不再是学术界争论的主要议题，因为宗教在各个方面均有变化，而且开始影响着越来越多人的生活。此后，伴随现代性的进程和市场经济的发展，中国的宗教发展出现了世俗化和神秘主义体验的两极发展（张志刚，2007：397-398）。因此，与其他国家比较，中国的宗教研究显示出更加独特的特点。如果说在传统中国，尽管宗教因素在中国人社会生活的主要方面均占有重要地位，但是宗教不那么容易观察到（杨庆堃，2007：268），那么今天在中国的很多地区，宗教行为已经成为比较容易观察到的显性行为，集中表现为人们公开参加仪式活动数量的增加和家中圣物的明显摆放。如果说传统中国的宗教更多地体现为一种所谓的"分散性宗教"，"制度性宗教"相对处于弱势地位的话（金耀基，范丽珠，2007），处于社会急剧变迁中的宗教已经逐渐呈现制度化的趋势。正如牟钟鉴（2009）所言，宗教问题和宗教工作已经不再是一个局部问题和边缘问题。

以基督教为主的西方宗教在中国广大农村地区的快速传播正在引起越来越多研究者的关注和讨论，并出现了一批有开拓性、创新性的研究成果（梁家麟，1999；吴飞，2001； 闭伟宁，2001； 黄剑波，2003；高师宁，2005a；陈村富，2005；刘海涛，2006；李峰，2006；欧阳肃通，2009；王莹，2011；李华伟，2013；范正义，2015；等）。在研究立场方面，从早期的"问题化"视角转向比较中立、客观的视角，将基督教视为中国社会转型过程中的一种特殊的社会文化现象，并逐渐脱离其"问题化"的标签；在研究内容方面，从早期全景式介绍过渡为细化的描述和解释，从既谈现状和原因，也谈影响和问题过渡到某一方面的专门研究；在学科视角方面，逐渐扩展到宗教学、社会学、人类学、历史学、政治学、传播学、心理学等多学科的兼具理论和实践的探讨。然而，由于农村基督教研究起步较晚，现有研究又受到学科视角、研究范式、理论视角等方面的诸多局限，对于转型期中国农村基督教的研究尚处于起步阶段。

"置身于转型期的中国社会，社会科学工作者的任务是提出'要命'而'有趣'的问题并且回答这些问题。这里所谓'要命'指的是那些真实、紧迫而重大的社会问题；而'有趣'则指具有重要理论意义和学术潜力且能够生产科学知识的问题"（郭于华，2012）。考虑到农村基督徒的数量高达中国基督徒数量的 70% 以及与其他理论研究的相关性，对农村基督徒群体的经验研究是非常必要的。我们需要将基督教在农村的快速增长与中国社会的快速转型相结合进行深入细致的研究。

1.2　文献综述

1.2.1　宗教与发展：理解乡村变迁的另类视野

"发展"是我们时代的主题，也是日常生活中使用频率最高的词汇之一。"经济发展"、"社会发展"、"人的发展"、"可持续发展"、"区域发展"、"统筹城乡发展"……似乎所有的事情都与发展相关。然而，现代意义上的"发展"话语却是一个新近的发明，是二战结束后以美国为中心的资本主义阵营和以苏联为中心的社会主义阵营斗争的结果。此后，发展成为一种不言自明的概念，并且成为世界大多数人日常生活中的现实（Raymond, 1976: 102-104）。但是，发展似乎从其诞生之日起便与经济增长紧密地联系在一起，衡量经济增长最常用的方法便是国内生产总值（GDP），增长已经成为一种生活方式，并深深烙刻在每个人的内心（Sachs, 2010: 1-23）。经济增长成为社会进步的先决条件，这一信念构成发展主义意识形态的根本立场（徐宝强，1999）。尽管"发展观"经历了一个从单向度的经济发展为指标到人的全面发展为指标的过程（李小云，2012），[2]经济优先的原则却从未改变。森（2002）的研究拓展了我们对发展的理解，他认为发展可以看作是扩展人们享有的真实自由的一个过程，这种聚焦于人类自由的发展观与以经济增长、个人收入提高、社会现代化程度等为标准的狭隘发展观形成了鲜明的对照。人类发展需要的不仅是医疗、教育、体面的生活和政治自由，人们的文化身份必须得到承认和包容，人们必须能够自由地表达其个性特征而不会在生活的其他方面受到歧视，简言之，文化自由是人权、也是人类发展的重要方面（联合国开发计划署，2004: 5）。宗教作为文化自由的一个方面，应该受到更多的重视。[3]

　　长期以来，关于宗教与发展的研究很少受到学者的重视。在国际发展研究和发展实践工作中，宗教研究不是被忽视，便是处于一种边缘性的地位。这是因为，对发展研究而言，其主要目的是把发展作为一个过程和社会现象，并且主要集中于一些结构性议题（Habermann & Langthaler, 2010）；而在发展实践方面，大多数发展代理人拒绝关注信仰问题以及信仰在发展中扮演的角色，他们主要采取的是政府对政府援助的方式，发展援助机构采取严格的国家和宗教之间二元对立的区分方式（Belshaw, Calderisi, Sugden, 2001）。而且乍看起来，宗教与发展是分属于两个世界的完全不同的两个部分，宗教主要关注人的精神世界和信仰问题，而发展则更多的关注物质世界和社会进

2　李小云（2012）主编的《普通发展学》一书的相关内容详细介绍了当代发展观的演变。

3　在当代中国，"宗教是文化"的观念早已深入人心，"文化搭台，经济唱戏"的宣传口号已经广为流传并为地方政府所利用，很多民间信仰藉此恢复。很多宗教活动场所，例如名寺古刹、道教圣地，也以开发和旅游的名义谋求自身的发展。

步。实则两者之间存在诸多紧密联系，社会公正、人类福祉、个人幸福等发展关注的问题都是世界主要宗教传统数千年来长期关注的主题。"宗教与全球发展成为当代社会的一个重要议题，一个标志在于联合国千禧年发展目标的提出及世界宗教和精神领袖千禧年和平高峰会议。其中，由前世界银行行长及当时的坎特伯雷大主教联合发起的世界信仰发展对话，即为推动类似目标的一个重要机构。发展的目的在于人。贫困不仅包括物质的层面，也包括精神的层面。全球经济的发展需要一种伦理和价值的支撑"（刘义，2012）。因此研究宗教与发展的关系，对于提升人的精神世界与物质世界的协同发展至关重要。

在主流发展研究、理念和实践中，宗教长期处于一种被忽视或边缘的地位（Marshall，2001）。尽管，"灵性"影响着人们的日常思维，潜在地决定着人们的社会行动，并对发展产生实质性影响。但是，发展研究和发展实践却回避了将宗教作为相关因素和主题，甚至将其作为一种发展的禁忌（Ver，2001），经济增长始终作为发展研究和发展实践的主题，处于中心地位，而其它要素则很少被考虑。于是，对很多发展实践者来说，宗教始终作为一种并不存在的力量而一直没有获得他们的承认，在他们头脑中，宗教与国家是分离的，发展与信仰问题之间并没有显著的关系（Marshall，2001）。这是因为，对于宗教与发展的研究既是复杂的，也是敏感的，而宗教与发展的研究被忽视的原因也涉及多个方面，在发展过程中，宗教促进了还是阻碍了社会变迁的发生，换句话来说，宗教是作为积极的因素还是消极的因素？宗教信仰和实践曾经是人类社会最为极化的部分。

最早关注"宗教与发展"议题的研究是1980年《世界发展》杂志[4]一篇题为"Religious Values and Social Limits to Development"的文章。威尔伯和詹姆森（Wilber & Jameson，1980）呼吁国际世界更多地关注宗教与发展之间的关系。在那个年代，国际政策界定发展的主要依据是经济增长，而在发展研究的学术领域，宗教被忽视了。他们认为，发展经验的评定需要重新评估宗教与发展的关系。例如，在发展工作中，宗教作为特定的参与者；对主导发展的定义来说，宗教作为反抗的力量；对发展的过程和定义来说，宗教作为积极的促进因素；最后宗教作为与发展相关的制度性的跨国参与者。然而，此后很长一段时间内，学术界并未对宗教与发展的议题产生予以关注。

4　《世界发展》杂志即"World Development"。

2011 年，《世界发展》发表了 "Revisiting Religion: Development Studies Thirty Years On" 一文，文章指出，从 1980 年到 2011 年，学界涉及宗教与发展研究的论文数量在主要发展研究杂志一直较少，即使是《世界发展》这样的杂志，关于宗教与发展的文章也仅有 5 篇，而在同一时期，主题是环境的文章多达 83 篇，而主题是性别的文章也多达 85 篇，由此观之，关于宗教与发展的研究仍然没有引起研究者的重视。文章建议，宗教是人们价值观和道德准则的主要来源，发展研究承认人们多元宗教的重要性；需要理解宗教、国家、社会之间的关系；需要欣赏有信仰传统组织的动机，例如灵性资本（spiritual capital）和信仰为基础的组织（faith-based organizations）。换句话来讲，宗教需要被带回发展研究，只有这样，挑战发展研究的诸多议题才有可能被改善（Rakodi，2011）。

近年来，在发展研究领域，对于宗教与发展的研究呈现逐渐上升的趋势。而在发展实践领域，越来越多的国际非政府组织和跨国非政府组织，例如瑞典国际开发合作署（SIDA，Swedish International Development Agency）、英国国际发展署（DIFD，UK Department for International Development）、世界银行（The World Bank）以及众多的联合国机构开始和信仰型组织合作，致力于减少贫困，并实现联合国千年发展目标（Alkire，2006）。越来越多的研究开始关注信仰为基础的组织（faith-based organisations）和信仰为基础的发展（faith-based development），探索基于共同宗教信仰形成组织而形成的新发展模式（Reese，2000；Ferris，2005；Clarke，2006；James，2009，2011；Leura，2011），灵性资本（spiritual capital）或宗教资本（religious capital）成为继社会资本后又一被广泛应用于宗教研究中的概念（Bourdieu，1986；Fukuyama，20001；Berger，2003；张志鹏，2010；等）。

1.2.2 世俗化理论与中国宗教现实

世俗化是理解现代社会变迁的一个重要概念。世俗化理论是宗教社会学提出的理论概念，主要用来形容在现代社会发生的一种变化，即宗教逐渐由在现实生活中无处不在的地位和深远影响退缩到一个相对独立的宗教领域里，政治、经济、文化等层面逐渐祛除宗教色彩。世俗化是经典社会学家关注的主要议题。例如：德国社会学家韦伯（1997）指出，伴随资本主义的发展，是世界的"去魅"、人的理性化和宗教的世俗化。同时代的法国社会学家涂尔干（2000）也认为，宗教在传统社会发挥着重要作用，社会成员有着相同的信仰、观点和价值观，有着大致相同的生活方式，但是由于分工的出现和发展，导致个人之间的差异性不断扩大，同时也使社会成员之间的相互依赖性越来越强，逐渐呈现出一种有机团结，宗教对于人的影响越来越小。涂尔干的宗教社会学分析，具有社会变迁的色彩，成为 20 世纪 60 年代之前和韦伯的宗教社会学分析并行的两种主要视角。

涂尔干和韦伯之后，宗教社会学家延续他们的思路，把对宗教发展趋势的理解集中在"世俗化"上，认为现代化、市场经济、科学的发展是世俗化的主要原因，但一直没有太多创新，直到贝格尔（1991）《神圣的帷幕》一书出版。贝格尔吸收韦伯和涂尔干的宗教社会学观点，同时借鉴了舒茨等人的现象学观点，认为现实是被社会构建的。每一个社会都在进行构建世界的活动，宗教在这种活动中占据着特殊的位置。贝格尔致力于对人类宗教与人类建造世界之间的关系加以一般地说明。在人类建造世界的活动中，宗教起着一种战略性作用。宗教用其神圣的帷幕遮盖了社会制度、社会秩序的一切人造特征，使它们变成了一种在时间开端就存在的东西。于是宗教赋予了人类社会以终极有效的本体论地位，从而证明它们的合理性。然而，伴随社会的发展，世俗化成为不可避免的趋势。世俗化导致了多元化，多元化又加速了世俗化。世俗化使得宗教这块帷幕四分五裂，这种支离破碎的帷幕即便是神圣的，也不可能完成其传统的任务，为整个人类世界提供共同的意义。只是，随着世俗化的开始，神圣的充盈才开始减退，直到经验领域变成了囊括一切并完全关闭了自身为止（贝格尔，2003）[5]。

汉密尔顿（Hamilton，2001）对世俗化进行了详细的分析，他指出世俗化这一概念包含六种含义：宗教的衰退；与"此世"越来越大的一致性；社会与宗教的分离；宗教信仰和制度转化为非宗教的形式；世界的非神圣化；从神圣社会迈向世俗社会的运动或变化。当然，正如高师宁（2002）所言，伴随现代化的进程，世俗化不仅成为现代社会发展的一个重要特点，而且对宗教产生了重要的影响。一方面，在现代社会中，宗教在公共领域的影响力和重要性日益减退，宗教信仰越来越成为个人的私事；另一方面，世俗化并没有导致宗教的死亡，相反，现代社会的巨大变迁全方位地为各种新兴宗教提

5　多年之后，他承认早年提出的世俗化理论并没有办法解释当代世界复杂的宗教现实（Berger,1999：1-8）。

供了生存环境，在某些情况下还出现了传统宗教的明显复兴。尽管社会在不断世俗化，宗教也在不断改变自身的形态，但无论如何，只要人还有某种精神需要，宗教就会有生存的基础。而且，宗教世俗化并不等于宗教的直线衰落，而是指其地位和影响的相对下降。宗教并没有因世俗化而销声匿迹或一蹶不振，相反却通过内涵上的调整和变化获得了继续存在和发展的基础（孙尚扬，2008）。

然而，世俗化理论可以用来解释当代中国的宗教现象吗？今日中国是一个世俗化的社会，还是一个更多世俗化、更少世俗化或者可能是一个去世俗化的社会呢？显然，世俗化理论并不能很好地解释中国的宗教历史和现实，我们需要重新回到现代宗教变迁上来，重心从确证现代性向批判现代性转移，对社会变迁和宗教变迁这二者关系的重新追问，进行反思现代性为条件和目标的后世俗化研究（Szonyi，2009）。中国当代的宗教变迁不再是"宗教的衰退"，也不再是"世界的非神圣化"，而是一种"宗教热"。"宗教热"有很多具体的表现，旧时的祭拜天地、占卦算命、看风水、巫医治病等宗教活动的复兴；普通民众重建祖祠、村庙、地方神祠；宗教团体修缮、扩建教堂、寺院和道观，增加宗教活动场所，并采取各种方式广收信徒。"宗教热"这一充满文学色彩的词语背后影射出人们对当前中国宗教信仰人数发展速度和绝对数量的日常表达（鲁帆，魏昌斌，2003）。

到目前为止，对于我国基督教信仰人数的具体数字尚缺乏统一认识，对基督徒人数的确定，**不同机构和人员说法大相径庭**[6]。在中国基督教第十次代表会议上，傅高峰牧师指出："据不完全统计目前全国基督徒约 3800 万人，教会堂点约 6 万座，圣职人员 1.4 万余人，专职传道员约 2.2 万人，神学院校 22 所。五年来，基督教全国两会投入资金逾 2770 万元开展社会服务项目约 200 个，直接受益人群近 26 万人次；发行圣经近 1800 万册，出版及再版各类书籍 100 多种，超过 550 万册；举办 4 次西南少数民族教会双语传道人集中学习班，培训来自滇黔桂的 14 个少数民族教牧同工近 500 人次；接待来自 33 个国家和地区的访问团 383 批、2564 人次，组织出访 107 批、400 人次，出访 37 个国家和地区；各神学院校毕业神学生约 6300 人，资助贫困神学毕业生 348 人，总计 208 万元，公派留学生 85 人，短期进修 25 人。"（中国基督

6　卢云峰、张越、张春泥的《中国到底有多少基督徒？——基于中国家庭追踪调查的估计》一文对基督徒人数的数量之争进行了详细论述，本书不再赘述。

教网，2018-11-28）[7]这与 1949 年全国仅有基督教信徒 70 万（王美秀等，2008：396）相比，我国基督徒的发展速度和绝对数量都是惊人的（段琦，2004）。

1.2.3 宗教市场理论：应用和批判

宗教市场理论是唯一可以和世俗化理论相抗衡的社会科学视角的宗教研究范式，并逐渐成为宗教研究的主流理论之一，已有学者使用"范式转换"来形容该理论在宗教研究中应用的繁荣（卢云峰，2008；陈彬，2009；魏德东，2010）。该理论建立在对于世俗化理论的批评之上。斯达克和芬克（2004）认为：世俗化的五大预言，"普遍认为现代化是驱动原因，它将神灵赶出历史舞台，就是说伴随着现代化、城市化和理性化的增进，宗教必然减少"；"世俗化主要指向制度的分化，他们并不只是预测教会和国家的分离，或者教会领袖的直接世俗权威的衰落"；"在现代化的所有方面中，科学对于宗教来说是最为致命的"；"世俗化被认为是个吸收状态，一旦取得，就不能反复，得到神秘的免疫性"；"虽然世俗化的讨论多数聚焦在基督教世界，但是这一命题的所有的主要鼓吹者都把它应用于全球"，这些都是神话，即使宗教衰落本身也是神话，他们还举了大量的事例证明宗教在现代社会已经在很大程度上经历了复兴[8]。

他们认为：

> "宗教经济是由一个社会中的所有宗教活动构成，包括一个现在的或潜在的信徒'市场'，一个或多个为吸引或维持信徒的组织，以及这个组织所提供的宗教文化。宗教经济与商业经济一样，对市场结构的变化反应敏感。宗教市场最重要的变化通常是管制或取消管制。通过改变宗教生产教会、布道家、宗教奋兴者等的激励与机会，和改变宗教消费者（教会成员）的不同选择，管制限制竞争。"

在《信仰的法则》一书中，斯达克和芬克提出了关于宗教市场理论的 99 个命题，涉及理性选择、回报、神灵、交换、礼仪、委身、神秘体验、改教改宗、宗教资本、神圣化、多元化、教会运动等等（斯达克，芬克，2004）。在《宗

---

7 中国基督教第十次代表会议在京隆重开幕，http://www.ccctspm.org/newsinfo/11264

8 宗教市场理论建立在旧有的世俗化理论无法解释美国宗教现象的基础上。汲喆在一次宗教会议上指出，查尔斯·泰勒（Taylor，2007）《A Secular Age》一书的出版，在欧洲宗教社会学界重新唤起了人们对世俗化理论的热情（2013-05-10）。

教的未来》一书中，斯达克和本布里奇（2006），从教派运动、膜拜群体、新成员的吸纳、宗教运动的各种资源等方面对宗教经济进行了进一步的阐述，并通过大量的实际案例使得内容更加可信。

在《信仰的法则》一书中，斯达克和芬克（2004：1）谈到：

> "如果一个宗教理论只适用于西方国家，就像一个只能应用于美国的物理学，或者一个只适用于韩国的生物学，那同样都是愚蠢可笑的。在这部理论著作中，我们试图系统阐述能够适用于任何地方的命题——就跟足以解释加拿大的宗教行为一样，他们足以解释中国的宗教行为"。

伴随《信仰的法则》中译本的出版，越来越多的中国学者开始使用宗教市场理论去解释中国的宗教现象并逐渐本土化，在此过程中，杨凤岗教授做出了杰出的贡献（林巧薇，2003）。

杨凤岗（2004）翻译出版了《信仰的法则》一书，并运用宗教市场理论做了很多研究，例如其著名的"三色市场论"。他指出在中国存在红市、黑市、灰市三种宗教市场。红市是由所有合法的（官方批准的）宗教组织、信众和宗教活动构成，红市又可以被称之为"开放市场"，因为其中的宗教交易是公开进行的；黑市是由所有非法的（官方禁止的）宗教组织、信众和宗教活动构成，黑市中的宗教交易是在地下或秘密地进行；灰市是由所有合法性/非法性地位处于一种模棱两可状态的宗教和信仰组织、信众和宗教活动构成。三色市场模型的核心概念是灰市。中国的现实情况说明，三色市场的边界并不清晰明朗，而是在不断变化。卢云峰是另外一位极力推动"宗教市场理论"的学者。他指出，作为宗教社会学的新范式，宗教市场理论对西方社会的排他性宗教进行了充分的分析，但是它忽略了对东亚社会中非排他性宗教的分析。当我们把该理论运用到华人社会时有必要对其适用性进行反思。不论是微观层次的"委身"，还是中观层次的"教会-教派"，抑或是宏观层次的"宗教市场-管制"，宗教市场理论都存在着诸多需要改进的方面（卢云峰，2008；2010）。

宗教市场理论声称已经取代世俗化理论并形成新的研究范式，然而，很多学者却持有不同意见。尽管宗教经济学的核心理论家们认为这种进路具有普适性，但几乎所有应用这一经济模型的经验研究都仅限于北美的宗教现实——基督教的某些形态处于主导地位。虽然已有研究试图将这种模型拓展到欧美之外的社会和基督教以外的宗教，但所涉及的非西方社会的宗教现象仍风毛麟角。例如：布什（Bush，2010）指出，宗教市场理论假设宗教场域按照市场逻辑组织并相互转化，然而即便是在公平的宗教市场领域，妇女也面临着制度化的限制条件，并排斥了宗教产品的平等控制。宗教市场理论忽视性别的视角，最终导致其解释力不足。汲喆（2008）认为宗教市场理论并没有从根本上冲击宗教的世俗化理论。他指出作为一种刚刚引进的理论，宗教市场理论在解释中国诸多宗教现象时缺乏足够的说服力。宗教经济模式无疑值得中国学者学习和应用，不过，要理解中国学者对宗教经济模式的热情，除了学术本身的理由以外，还必须考虑到中国学术场域的独特情境。虽然宗教经济模式的作者们开启了一个极具生产性的研究取径，但是，他们并未真正动摇世俗化理论。范丽珠（2008）也指出尽管宗教的理性选择理论非常强势，号称有相当普遍的解释力，但她还是试图对以理性选择理论来解释现代社会宗教的有效性提出质疑，她认为"宗教经济"范式中的宗教市场的"供方"与"求方"是理解宗教的错误逻辑，在工具理性和价值理性两个重要概念中有相互混淆和偷换之嫌。中国宗教的实践性、丰富性和其历史性不是一个简约的经济学模式能够解释得了的。而某些应用宗教市场理论对中国宗教的研究，也没有真正触及到中国宗教的核心问题，既忽略了改革开放以后宗教政策本身的宽容与弹性，更没有展现中国宗教本身的丰富性。方敏博士（2010）则通过实证研究检验了宗教皈信与社会资本的关系，发现当代中国城市情境下的基督徒皈信经历与斯达克的皈信理论很不一致；斯达克皈信命题的体系中存在着问题与自相矛盾之处。

宗教市场理论的倡导者声称该理论是放之四海而皆准的理论，那么，当然可以用来解释中国复杂的宗教现象和宗教问题。然而，中国宗教本身的特殊性，尤其是宗教（儒释道）之间的兼容性让该理论对很多现象的解释面临着不小的挑战。当然，执拗地不承认中国古代以来长期存在的影响民众生活的民间信仰形态，而将其视为封建迷信的残留，则似乎也不会在改宗的问题上出现争议。然而，当我们将宗教市场理论运用于当代中国农村基督教的快速发展时，其理论的很多内容都可以成为我们借鉴的议题，且其关注的宗教市场、改教改宗、政府管制等在某些议题方面均有一定的解释力。因此，本研究中将会借鉴宗教市场理论的部分内容。与此同时，尽管该理论认为世俗化理论已经过时，但是在中国世俗化理论仍然具有强大的解释力，例如祖祠的衰落、佛寺的商业化、道观的商业化、宗族的弱化、人情的货币化等。鉴于中国当代在不同空间呈现宗教的极化发展——宗教神圣化和世俗化的共存，两个理论都会在某些情况下被批判性地应用。

1.2.4 宗教的概念、内涵与复杂性

什么是宗教？我们如何界定和分析宗教？是否有一个完整的分析框架以分析宗教的概念和内涵呢？答案非常复杂。在中国，我们还长期存在着中国有没有宗教，儒教是不是宗教，民间信仰是不是宗教等争论，而这些争论至今为止尚没有明确答案。在学术领域，长期以来，关于宗教概念的界定一直存在很多争议，不同学者从各自角度提出了自己的理解。[9]

人们常说宗教是如此个人化和难以捉摸的多变性事物，因此它排斥定义。宗教可能对不同的人意味着完全不同的东西……但如果我们仔细考察——在字里行间的一两个事例中，很明显，他们都趋于认为宗教是由信仰和行为组成的。这两者又在某些方面与一个超自然的领域、一个由神或精神存在组成的领域相联系（包尔丹，2005：377）。"宗教"这个术语并非天赋的，而是学者们出于理智目的创造出来的，并由他们来加以定义的。因而，宗教是这样一个"二阶性"的类概念，它所构建的是一个学科的视野，其作用如同语言概念之于语言学，或文化概念之于人类学。如果没有此种视野，就没有学科意义上的宗教研究可言（Smith，1998：281-282）。各种宗教定义从其出现不久，立刻就会激起另一个断然否定它的定义。看来，世界上有多少种宗教，就会有多少宗教的定义，而坚持不同宗教定义的人们之间的敌意，几乎不亚于信仰不同宗教的人们之间的对立（缪勒，2010：21）。

作为宗教社会学的创始人，涂尔干（2006a：42）从个人与社会关系的视角指出宗教明显是社会性的。宗教表现是表达集体意识的表现；仪式是在集体群体之中产生的行为方式，他们必定要激发，维持或重塑群体的某些心理状态。"宗教是一种与既与众不同、又不可冒犯的神圣事物有关的信仰与仪轨所组成的同一体系，这些信仰与仪轨将由信奉它们的人结合在一个被称为'教会'的道德共同体内。"如果说涂尔干的概念侧重于个人与社会、神圣与世俗、信仰与仪式的二元对立的话，詹姆士（2002：30）的定义则更侧重于心理的

9　在这里，之所以用大量的文笔来介绍各种宗教的定义，是因为与其他发展研究领域中的诸多概念相比，例如性别、贫困、公民社会等，宗教的概念更加不确定。

层次。"各个人在他孤单时候由于觉得他与他认为神圣的对象保持关系所发生的感情、行为和经验。"美国人类学家格尔茨（1999：111）关于宗教的定义则从文化和符号的视角提出，宗教是一个象征符号体系，它所做的是在人们中间建立强有力的、普遍的和持续长久的情绪和动机，依靠形成有关存在的普遍秩序的概念并给这些概念披上实在性的外衣，它使这些情绪和动机看上去具有独特的真实性。

与其他研究者不同，斯达克提出了一个所谓的宗教经济定义："是由一个社会中所有宗教活动构成，包括一个现在和潜在的信徒'市场'，一个或多个寻求吸引或维持信徒的组织以及这（些）组织所提供的宗教文化"（斯达克，芬克，2006：237）。这里涉及三方面内容：宗教产品的供应者：宗教组织；宗教产品：宗教文化；宗教市场：信徒与潜在的信徒。由此构成了一个完整的宗教产品的供求机制。这种新的研究范式，对于传统的宗教研究来说是一种挑战。

此外，周越（Chau，2011）的研究别出心裁，他根据中国多变的宗教仪轨提出了"做宗教"的概念。"做宗教"的模式有：话语/经文模式，主要依靠文本的创作和使用；个人修炼模式，需要具备自我培育与提升的长期兴趣；仪式模式，由仪式专职人员主持繁复的仪式程序；即时灵验模式，旨在利用简单的仪式或法术得到立竿见影的效果；关系/来往模式，强调人与神（或祖灵）之间的关系以及宗教活动中人与人之间的来往。对他而言，或许宗教的概念并不那么重要，宗教的形式及其影响更为重要。

在近代中国，宗教在很长一段时间与迷信相联系[10]，"中国社会没有宗教，中国人不相信宗教"似乎成为一种普遍的认同。例如，梁启超（1994：231）认为，"信仰问题，中国更无有也，以吾国非宗教国，数千年无教争也。"乡建学派代表人物梁漱溟（2005：85-108）认为，"中国社会没有宗教，而是以周孔文化为核心，并以伦理组织社会，以道德代替宗教"。钱穆（1994：365）也指出："在中国人眼光里，没有纯客观的世界，即世界并不纯粹脱离人类而独立，不能产生西方的宗教，也不能产生西方的科学。"韦伯（2004：309-334）则表示，"中国社会被儒教伦理组织，然而，儒教的理性意指理性地适应世界，与新教理性地支配世界存在显著的差异，所以中国既不会产生西方的科学，也不会产生西方的资本主义。"关于传统中国社会的宗教信仰问题，也存在着

---

10 与"宗教"一词一样，"迷信"也是近代中国新出现的词汇。

不同的观点。例如，华裔社会学家杨庆堃（2007：24-33）认为低估宗教在中国的社会地位其实是有悖于历史事实的，中国民间社会普遍存在着神秘体验和信仰，宗教在民间社会是强大的。

在过去由于众所周知的原因，宗教"鸦片论"成为主流的意识形态。马克思（2002：2000）在《〈黑格尔法哲学批判〉导言》中说："宗教是人民的鸦片"，后来列宁（1995：248）在《论工人政党对宗教的态度》中说："宗教是人民的鸦片"，并且把它上升到"马克思主义在宗教问题上的全部世界观的基石"的高度。马克思的这句话一度成为对宗教的本质和功能的经典表述（陈荣富，2007）。马克思关于"宗教是人民的鸦片"的核心是从阶级分析的高度揭示宗教的社会作用，其完整表述是："宗教里的苦难既是现实的苦难表现，又是对这种现实的苦难的抗议。宗教是被压迫生灵的叹息，是无情世界的心境，正像它是无精神活力的制度的精神一样。宗教是人民的鸦片。""宗教是人民的鸦片"是马克思宗教观最核心的论断。但随着中国经济社会结构及核心价值观和意识形态发生深刻变迁，围绕着"宗教是人民鸦片"这一论断的讨论，至今不绝如缕。经由上世纪八九十年代学界对于"宗教鸦片论"的讨论，"宗教文化论"的观点逐渐成为主流的观点"（黄奎，2008：36-92）。

正如邱永辉（2008：16-70）所言，宗教既是一种特殊的意识形态，也是一种源远流长的社会历史文化现象。以往由于政治原因和历史局限性，过于强调宗教的意识形态属性及其负面作用，近30年来则更多地强调宗教的文化属性及其正面作用。"宗教是文化"的理念，将淡化无谓的意识形态之争，使人们更全面地理解宗教的丰富内涵，为信仰者、研究者、管理者提供互相合作的舞台，而这一观点的提出代表着中国内地学术界正面、肯定性评价宗教的一个关键转折点[11]。多年争论之后，宗教是文化的观念已经逐渐成为大多数国人的共识。

然而，宗教真的单单只是文化吗？对于基督教来说，其至少包括三种基本成分：一组信念。虽然基督教徒之间存在一些教义上的分歧，但是，这些不同版本的基督教却包含着由一组信念所组成的共同的内核，这一点是显而易见的；一套价值观。基督教是一种带有强烈伦理色彩的信仰。但是，这并不意味着基督教是一系列信徒必须遵守的道德规范。而是说，基督教信仰包

---

11 邱永辉（2008：16-70）在《当代宗教研究30年综述》一文中详细介绍了上世纪80年代关于宗教本质的讨论以及由"宗教鸦片论"向"宗教文化论"的转变。

含着一系列因得救而产生的价值观念，这些观念是做基督徒的一种结果；一种生活方式。做名基督徒，并不仅仅是具有某些信念与价值观，而是一种明确的生活方式。他的信仰对日常生活产生影响，最明显的是他去教堂或其他形式的基督教团契参加祷告和敬拜（麦格拉思，2013：6-7）。

或许，我们没有必要纠结如何对宗教进行界定。然而，就不同学者从不同视角对宗教所做的不同理解而言，宗教就是一种复杂的难以解释的现象。祛除其不同的外衣，仍然可以看到部分核心的内涵，例如宗教是一种复杂的社会现象，并且具有人类构建的痕迹；宗教信仰（教义）为信徒提供了一种不可证伪的世界观和价值观，并为人们提供了对于生存意义的理解；通过一系列复杂的仪式（宗教实践），信徒的信仰不断得以强化，其认同也逐渐被强化；通过教会的组织，宗教为人们提供了一种团契生活，形成了一种道德共同体，并且逐渐形成了一种集体意识。在西方社会，宗教（例如基督教）以一种制度化的形式存在，而在中国，信仰更多的以一种弥散性的形式存在（杨庆堃，2007：33），儒、释、道作为三种不同的价值观（三教合一），相互之间进行了很好的融合，长期影响着人们的价值观和日常的行为规范（王铭铭，1996）。[12]

在本书中，我比较认同吕大吉先生（1998）对于宗教的定义，即：

> "宗教作为一种社会化的客观存在具有一些基本要素。这些要素分为两类：一类是宗教的内在要素，其中有两部分：宗教的观念或思想；宗教的感情或体验。一类是宗教的外在要素，也有两部分：宗教的行为或活动；宗教的组织和制度。一个比较完整的成型的宗教，便是上述内外四种因素的综合。宗教是关于超人间、超自然力量的一种社会意识，以及因此而对之表示信仰和崇拜的行为，是综合这种意识和行为并使之规范化、体制化的社会文化体系。"

1.2.5 基督教与农村社会变迁研究

1.2.5.1 宗教社会学理论的译介与发展

宗教学或宗教研究，包括神学的、人文的和社会科学的三大进路。如果

---

12 本书中同样会涉及民间信仰（或称民间宗教），集中表现人们为对祖先、鬼、神的信仰和敬拜。无需置疑的是，近年来民间信仰同样在中国的各个地区都有过不同程度的复兴，尤其是农村地区，其在人们日常生活中扮演着越来越重要的地位。

神学的宗教学主要是从宗教内部进行逻辑推演和论证，人文的宗教学是从哲学、文学、思想史等的角度对宗教进行反思和阐释，那么，社会科学的方法，收集经验的数据和材料，并且进行客观的分析和归纳，从而得出科学的理论来解释宗教现象以及宗教与社会其他方面的互动关系（杨凤岗，2004）。宗教社会科学是从社会科学的视角，对宗教的实证研究，包括宗教社会学、宗教人类学、宗教心理学和宗教经济学等分支学科。客观性和实证性是宗教社会科学的基本特征。宗教社会科学力求对宗教现象做出中立与精确的描述和解释，并以此区别于宗教界、政府、公安等部门对当代宗教的关注（魏德东，2006）。由于本研究采取社会科学尤其是宗教社会学的研究进路，所以下面将主要介绍宗教社会学在中国的发展现状。我在此之所以论述宗教社会学在国内的兴起，是其学科发展为宗教经验研究提供了理论指导。

宗教社会学是宗教学与社会学交叉的边缘性学科，研究作为宗教信徒与宗教群体之间社会行为的动因、宗教与整个社会的相互关系，以及宗教的社会功能，强调运用科学实证的跨文化方法、历史分析法、调查、问卷分析和参与观察等（金泽，2008：12）。简而言之，就是社会学理论与方法在宗教研究中的运用。经验研究离不开理论的指导，宗教社会学理论在国内的译介为宗教经验研究的发展奠定了基础。宗教社会学在中国仅有三十余年的历史，是改革开放后才逐步引进的一门新兴学科。

国外一些经典的宗教社会学论著逐渐被翻译成中文，尤其是韦伯和涂尔干宗教社会学著作的翻译。韦伯（1987，1995，2004）《新教伦理与资本主精神》、《儒教与道教》、《宗教社会学》等著作，涂尔干（2000，2005，2006a，2006b）《社会分工论》、《原始分类》、《宗教生活的基本形式》、《乱伦禁忌及其起源》，进一步扩展了研究者对于宗教社会学的认知和理解。此外，贝格尔（1991，2003）《神圣的帷幕》、《天使的传言》，斯达克（2004，2006）及其合作者的《信仰的法则》、《宗教的未来》；卢克曼（2003）《无形的宗教》；奥戴（1990）《宗教社会学》、西美尔（2003）《宗教社会学》、约翰斯通（1991）《社会中的宗教：一种宗教社会学》、库尔茨（2010）《地球村里的诸神：宗教社会学入门》、杨凤岗（2008）《皈信·同化·叠合身份认同》、贝拉（1998；2011）《德川宗教：现代日本的文化渊源》和《心灵的习性：美国人生活中的个人主义和公共责任》、托尼（2013）《宗教与资本主义的兴起》，等等。

在国内，一些宗教社会学著作先后出版。例如：陈麟书、袁亚愚（1992）编著的《宗教社会学通论》是国内第一本系统介绍宗教社会学的论著，该书填补了国内宗教社会学研究的空白，并开始引起国人的重视。2000 年出版的《宗教社会学》（戴康生，2000）一书成为一个重要标志，即宗教社会学开始与对中国社会的观察和研究相结合（高师宁，2004）。自此，宗教社会学开始进入学术界的视野，引起了学术界的广泛关注。此后，国内出版了一系列宗教社会学的理论书籍，例如孙尚扬（2001）《宗教社会学》、姚南强（2004）《宗教社会学》、段德志（2005）《宗教与社会：对作为宗教学的宗教社会学的一个研究》、李向平（2006）《中国当代宗教的社会学诠释》和《信仰、革命与权力秩序：中国宗教社会学研究》、戴康生（1999）《当代新兴宗教》、高师宁（2006）《新兴宗教初探》、范丽珠（2010）《宗教社会学：宗教与中国》等。宗教社会学著作的出版和译介让我们更多地了解了宗教社会学的内容，也为我们提供了相关的理论指导。

1.2.5.2 基督教经验研究

以基督教为主的西方宗教在中国广大农村地区的快速传播正在引起越来越多的学者关注和讨论。正如杨凤岗（Yang，2004）所言，在中国的基督教研究中，历史研究比当代研究更受鼓励，因此总体上呈现历史研究多，经验研究少的特点。尽管公开出版的著作仍不多见，但是我们已经可以看到一些公开出版的基督教经验研究作品。当然，由于中国国土广袤、地域差别、文化多元、民族多样等因素，中国的基督教状况做"大而全"的描述及概括是一项浩大的工程，相反，对于一个省、一个地区、一个村子、甚或一个教堂进行深入的个案剖析，便具有可操作性（唐晓峰，2013：86）。近年来与农村基督教相关的研究呈现上升趋势，不论是期刊杂志还是硕博士论文均有明显增长。故此，我将会对最早关注基督教的文章和近年来公开出版的关于农村基督教的经验研究著作的内容和主题进行介绍。

早在上世纪八九十年代便已有研究者或媒体工作者开始关注农村基督教现象。然而，公开发表的文章非常有限，甚至没有专著出版。虽然当时的文章论述相对全面且带有鲜明的意识形态色彩，我们对于那段农村基督教研究起步阶段的文献回顾仍然是不可或缺的。李永清（1988）发表在《中南民族学院学报》上的《关于基督教在武汉市农村发展的思考》，是公开出版物上最早关注农村基督教的文章。文章开门见山地指出武汉农村基督教发展很快，并从"传统的鬼神观念"、"为了难治之症求及痊愈"、"基督教传教方式"、"管理机构不健全"等方面论述了信徒信教的原因，认为由于农村教徒文盲、半文盲占大多数，他们的宗教信仰是在商品经济很不发达、文化落后、医疗卫生条件缺乏、迷信观念根深蒂固等情况下的一种低层次的精神追求。"文章还指出农村教徒的宗教信仰具有较大的盲目性、盲从性和宗教狂热性，他们容易被不法分子和海外敌对势力所利用，所以要加强对农村宗教活动和宗教活动场所的管理，引导和促进宗教活动正常化。

蒋志敏、徐祖根（1989）是最先关注和提出"中国基督教热"的学者，他们于二十世纪八十年代末在《瞭望》新闻周刊上发表了《面对十字架的思考——中国"基督教热"透视》一文，该文一经发表便开始引发国内外学者对于"基督教热"的关注。文章通过写实的方式，通过对上海沐恩堂、安徽泗县大庄乡的某聚会点、浙江龙湾状元镇某教堂的聚会场所的白描，为我们呈现了中国基督教信仰的图景。作者还深入地从基督教本身的吸引力、社会原因和个人的心理等方面分析了基督教快速传播的原因，进而以"奉献和罪恶"为题剖析了基督教传播的利弊，最后指出"在人类历史上，宗教终究是要消亡的，但是只有共产主义的长期发展，在一切客观条件都具备的时候才会自然消亡。这是一个需要若干代才能实现的事业。"

之后一民（1990）等对固始县基督教的调查和思考，也带有意识形态的影响，指出农村宗教活动正常化的关键在于"引导"，需要"动之以情"、"晓之以理"，发挥宗教的正功作用，减少其负功影响。在上世纪 90 年代中期之后，以杨宏山（1994）《皖东农村"基督教热"调查与思考》一文为标志，相关研究逐渐转向比较"客观"的立场。之后，作为农村发展过程中的一种宗教现象，基督教快速传播逐渐脱离其"问题化"的标签。当然很多学者对于乡村基督教的探讨仍然主要停留在农村信教的动机、基督徒的人口学特征、基督教传播对于乡村的影响等表层。近年来，伴随宗教研究理论的发展，很多研究者开始摆脱对基督教白描阶段，涌现出一批优秀的成果，为我们深入探讨乡村基督教现象提供了基础。

吴飞（2001）是最早从事基督教经验研究的学者，在《麦芒上的圣言》一书中，他以华北一个天主教村庄的田野调查为基础，重新理解韦伯的宗教社会学命题，指出问题的症结并不是宗教能否促进现代化，而是宗教究竟是否能影响到伦理生活。吴飞认为，新教的独特之处在于它以一套有效的技术改变了日常生活的伦理；而作者所研究的这个天主教村庄中，天主教没有形成这样一套技术，只是在仪式和组织上形成了天主教群体、一个亚群体、一个身份群体，但并未在伦理层面使天主教徒有异于普通农民。李华伟（2013）同样关注基督教伦理，他从市场经济的大视野考察小乡村的基督教，从社会现代转型的高度研究最基层民间基督教的演变，以及基督教对农村民众生活中的儒教伦理的影响。他按照"己/自我-五伦-五伦之外"的顺序，通过李村教会个案揭示了由于社会结构性的变动和失衡，基督教在落后农村发展的社会根源。农村社会中宗族的弱化造成了道德失范的局面，而乡村基督教在这种情况下充当了激活儒家伦理的工具。不仅如此，乡村基督徒培养出了新的公共参与伦理，建立了五伦之外的新型人际关系。乡村基督徒创造性地发掘并践行改造过的儒家伦理，某种意义上是中国文化创造性自我转化的一种尝试。

刘志军、欧阳肃通和陈晓毅都在关注基督教发展与社会变迁的关系，但侧重点各有不同。刘志军（2006）关注乡村都市化背景下，基督教的发展趋势。他以山西省平陆县张店镇为个案，选取乡村都市化的视角，解读改革开放以来的乡村社会转型，透过人类学的田野调查与历史学的文献研究，结合文化主位与文化客位的方法，对乡土中国的宗教信仰及其动态发展进行了"深描"与社会－文化功能分析。他系统考察了乡村都市化与宗教信仰变迁的内在关联，并指出伴随着乡村都市化的发展，未来的乡村宗教会出现多元化的发展趋势，而宗教道德化或许是今后制度化宗教发展的一个共同趋势。欧阳肃通（2009）从基督教发展的原因、良心堡教会的过去和现在、教会的信仰和生活等视角对一个乡村教会进行了深入细致的研究，并专门就基督教与农村社会关系和良心堡的宗教市场进行了考察，其中特别提及基督教正统与异端和邪教的市场争夺，是一篇不多见的探讨基督宗教与社会关系的书籍。陈晓毅（2008）的研究主要关注地区宗教生态，他以贵州青岩为个案，详细分析了各种宗教的关系，该书第五章详细分析了基督教堂内部生态系统的平衡和失衡，是目前关于"宗教生态说"研究中最为详尽的经验研究，有利于我们理解各种宗教之间的互动与冲突。

还有学者专门从教会组织、基督徒认同等视角进行研究。例如：李峰（2005）选择华南 Y 县 X 镇的乡村基督教作为研究个案，以城镇化为当地社会变迁的主要表现形式，并以此为研究背景，将宗教视为一个社会组织形态看待，作者认为当地教会是一个互益型的非营利组织，整个组织系统的运作过程具有相当的内向性特征，而且其正规化程度较低；面对社会变迁和转型带来的机遇和挑战，教会不断进行自我完善，表现出一种准科层化和日益自主性的变革倾向；而在这些组织特征的背后，反映出的是基督教在当地社会结构中的"悬置"状态。该书是为数极少的对于乡村基督教的组织研究，具有开创性的学术意义。王莹（2011）通过对中原地区一个县基督徒生活的调查，从"我们是神的儿女"——基督徒的群体身份认同、"分别为圣"的宗教生活——基督徒身份的强化、改造传统：基督徒身份的地方性表达、葬礼的选择——新时代的"礼仪之争"四个方面详细分析了中国乡村基督徒的身份认同和身份建构的过程。对于我们更好地理解乡村基督徒的认同有重要帮助。

中国社会科学院世界宗教研究所对中国基督教现状进行了大样本的抽样调查和地区的报告调研。课题组于2008-2009年间，在全国31个省、自治区、直辖市（不包括港、澳、台地区）就中国基督教（仅指基督新教）信徒人数和信仰状况等主题进行了全国性抽样调查。调查样本包括321个区县级单位、2718个村（居）委会、54360户家庭，共访问211750人。入户访问分两次进行，调查共发放问卷63680份，回收有效问卷63680份（金泽，2010）。世界宗教研究所还组织了专门的调研报告汇编，并出版《中国基督教调研报告集》一书。课题组成员采取入户调查与驻点考察相结合的方式，调研范围包括内地与边远地区、汉族居民区与少数民族地区、发达地区与贫困山区，考查内容包括传教史、教徒构成、教牧成分、教堂堂点、教派关系、教内经济来源、宗教管理等方面，就国内基督教现状、问题和发展趋势等问题，勾画了当前具有典型意义的国情报告（世界宗教研究所基督教调研课题组，2011）。

通过对以上几方面的文献评述，本书认为，尽管关于中国乡村基督教和基督徒的经验研究仍比较有限，但近年来相关领域的研究呈渐增趋势，并已经涌现出一批优秀的成果，其中不乏从新的视角对乡村基督教现象进行的深刻解读，这些都带给本书很多启发。然而，当前学界将乡村基督教与乡村社会变迁与发展相联系的研究还比较缺乏，细致的教会研究也不多见。本书研究问题如下：以疾病为表征的苦难如何与基督信仰联系在一起？宗教生活对乡村基督徒新的身份认同和行为调适有什么影响？信仰共同体是如何被构建的，在信徒日常生活中扮演什么角色，又如何参与村庄公共生活？中国乡村基督徒"灵验与拯救"结合的宗教实践与基督教的救赎伦理有哪些差异？本书认为，对乡村基督徒信仰与生活的研究可以拓展对社会转型期农村和农民生活的认识；更好地了解宗教作为文化在乡村发展中扮演的角色，为了解村庄空心化背景下的村落变迁提供了另外一种解读视角。本书希望借此抛砖引玉，引起学界对于乡村宗教[13]研究的重视。

1.3 研究方法与研究过程

1.3.1 研究方法

宗教社会科学是从社会科学的视角，对宗教的经验研究，包括宗教社会学、宗教人类学、宗教心理学和宗教经济学等分支学科。宗教学社会科学的方法（包括量化和质化研究），注重收集实证的数据和材料，并且进行客观的分析和归纳，从而得出科学的理论来解释宗教现象以及宗教与社会其他方面的互动关系（杨凤岗，2004），因此客观性和实证性是宗教社会科学的基本特征，并以此区别于宗教界、政府、公安等部门对当代宗教的关注（魏德东，2006）。

为了更好地探讨乡村基督徒的信仰与生活、信仰型组织的功能和角色，本研究主要采取宗教社会学的研究进路，研究者需要自觉地置身于宗教之外来看待和解释宗教现象；努力做到价值中立，坚持以客观的态度来对待研究对象；重视经验依据，坚持研究观察到的宗教现象；运用比较的视角进行分析（孙尚扬，2001：4-8）。本研究沿袭贝格尔（1991：206-215）的宗教社会学研究思路，即：

> "在论证过程中，一直严格地在社会学理论的意义框架内进行。在论证的任何部分，我们都避免含有任何神学的或者反神学的意义。在经验科学的意义框架之内提出的问题，是不能从非经验和规范学科的意义框架出发来作出回答的，正如这个程序反过来也无法接受一样。社会学理论提出的问题，必需根据社会学论述范围内的条件来回答。……宗教应该被理解为一种人类的投射，其根据在于人类历史的具体的基础结构之中。不难看出，从某种宗教的或伦理的价值的观点来看，对于这种观点可以既是'好的'，也有'坏的'含义。

---

13 既包括五大制度性宗教，也包括民间信仰，还包括各种邪教异端。

于是，人们可以觉得，宗教保护人抵御无序混乱，这是'好的'；但

是它使人疏远了自己的活动造成的这个世界，这又是'坏的'。"

本研究采用实地研究的方式搜集资料。实地研究是一种深入到研究对象的生活背景中，以参与观察和非结构访谈的方式收集资料，并通过对这些资料的定性分析来理解和解释社会现象的研究方式（巴比，2002：239-240）。案例地点选择豫东陈村教会，我于 2012 年 6 月-8 月、12 月、2013 年 7 月-8 月、11 月在平安县进行了六个多月的田野调查，并同时在北京市盼望教会进行了为期两年的参与观察，旨在进行城乡基督教的比较[14]。从资料搜集工具来看，主要包括：口述史、二手资料搜集、参与观察、半结构深度访谈等。

（1）口述史

口述史是一个人的生平阅历、历史经验和情感世界的记录，同时也是一个时代历史事件的生动记录。口述史提供给研究者的，不仅仅是一种"社会记忆"或"活的历史"。它也不一定是过去真正发生的事实，但却能够真正地反应个人的认同、行为和社会结构、社会变迁之间的关系（李向平，魏杨波，2010：2-3）。口述史是围绕着人民而建构起来的历史，它认为英雄不仅可以来自于领袖人物，也可以来自于许多默默无闻的人们（汤普逊，2000：24）。为了解教会的历史变迁和信徒的生命历程，本书主要采用口述史的方式记录了基督徒对教会发展历程和个体宗教经验的鲜活记忆，并勾勒出教会发展的前世今生及个体的生命感悟。

（2）二手资料分析

在文革期间，平安县留存的教会历史资料尽数被毁。然而，信徒个人的"书包"里却蕴藏着丰富的资料。[15]在田野工作中，我非常注重信徒"笔记本"记录的资料，这些文本都是信徒信仰生活的见证，包括个人宗教情感、主日敬拜记录、地方赞美诗歌、圣诞节目文稿、传道人证道提纲和内容等。尽管乡村教会的档案资料稀缺，但仍有机会了解教堂修建档案、财务收支记录等信息。

---

14 笔者曾于 2014 年 7 月、2016 年 8 月、2018 年 7 月在陈村教会进行回访，但本书的主要经验材料主要以 2012 年 6 月-2013 年 11 月的资料为主。本书第二章《记忆中的田野》部分，我将会详细介绍进入田野的经历和我的角色。

15 在豫东农村，星期天背着小书包外出几乎成为每一个信徒的可视化标签。

（3）参与观察法

参与观察不仅要求研究者深入到研究对象的生活背景中，而且还要求研究者实际参与研究对象日常生活和各种活动，并在这种参与的同时进行观察。所有参用参与观察方法的研究者，都将不可避免地面临一个非常现实的问题：在观察过程中，研究者应该采取什么样的现场角色（风笑天，2009）？在研究过程中，我的角色是一种"创造出来的角色"（纽曼，2007：477-478），我参与到基督徒的日常生活中，努力"融进去"，并在适当时候"跳出来"，是一个公开身份的研究者，是作为观察者的参与者，[16]。因为基督信仰影响到信徒生活的方方面面，已逐渐成为他们的生活方式，参与观察是一种非常适合的研究方式。在本研究中，我参与观察了教会的主日崇拜、感恩会、奋兴会、圣诞节、查经班、聚会点聚会、探望病友、祷告会等活动[17]。

（4）半结构深度访谈

半结构式深度访谈有两个最重要的特征：第一，它的问题是事先部分准备的（半结构的），要通过访谈员进行大量改进；第二，要深入事实内部，研究者要进入被访者的日常系统中去，并以他们用来界说发生在他们身上的那些事的习惯语句来表达（杨善华、孙飞宇，2005）。半结构访谈将会涉及到个体访谈、主要知情人访谈和小组访谈。

个体访谈。本研究将分为以人物为中心的案例和以事件为中心的案例进行调查，在人物方面，主要涉及到农户日常的经济活动、文化活动、宗教活动、重大事件等等；在事件方面，主要涉及一些当地重大经济、政治、宗教事件的发生。我共访谈基督徒176人，每次访谈一般在1-2个小时之间，并与部分被访者有2次以上的一对一面访；非基督教徒访谈104人。

主要知情人访谈，目的是获取特定的知识和信息，他们就特定的知识具有特定的知识背景（李小云，2001：150）。在具体调查研究中，我选取社区宗教事务中发挥重大作用的农户作为访谈对象，以了解社区内宗教发展的整体状况。关键人物访谈21人，关键人物包括牧师、长老、传道人、执事、村干部、教师、村卫生员、风水先生、寺庙管事等。

小组访谈，提供了一个机会与一群人访谈来了解研究对象的基本情况。在本研究中，小组访谈6个，包括执事组访谈、教徒小组访谈、非教徒小组

---

16 第二章将会详细介绍田野工作中"我"的角色。

17 在教会奋兴会期间，我还担任了记账员的角色。

访谈。执事组访谈，旨在从教会历史、信徒构成、宗教活动、组织结构等方面对教会有一个整体了解；信徒小组访谈，旨在对信徒的宗教生活、日常交往、社会互助等有一个基本的了解；非信徒小组访谈，旨在从教外的视角理解对村民信教的看法以及相互之间的交往。小组访谈主要在田野调查的前期进行，旨在对研究对象有一个总体的了解，并根据结果修改个体访谈提纲。

1.3.2 技术路线

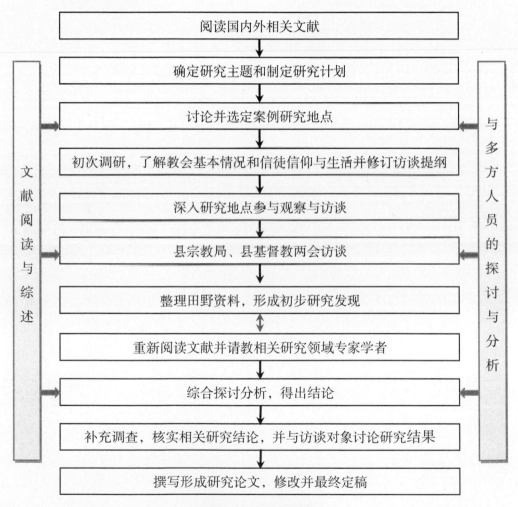

图 1-1 技术路线图

1.3.3 研究内容与书写方式

在文字书写方面，本书更多地借鉴人类学的书写方式。我并没有像很多研究者那样用"笔者"这样文绉绉的词汇，而是直接用"我"，这是因为在田野中与那些基督徒长期相处的就是一个真实的自然的"我"。在研究过程中，那些允许并愿意接纳我成为他们的朋友，并愿意坦诚地和我交谈的人，才是本书真正的作者。在论文的每一个章节，他们的很多原话，他们日常生活中的酸甜苦辣都以白描的方式呈现出来。正是在与他们的不断接触中，我的思路逐渐厘清，并有机会去思考很多起初未曾思考的话题，这是研究者与被研究者双向互动的结果，也是社会研究的意外后果。因此，"我不大喜欢用习惯的做法即用英文字母来隐藏真实的姓名和地名，总觉得那样，人好像仅仅是一个无意义的符号，其背后承载的文化意蕴似乎已经丧失殆尽了。因此，本书中出现的人名、地名，均以汉字表示，不过其中有些已经不是真实的人名和地名了，任何对号入座的做法都是无意义可言的"（赵旭东，2003：378-379）。

本书的分析框架如下（见图 1-2）：

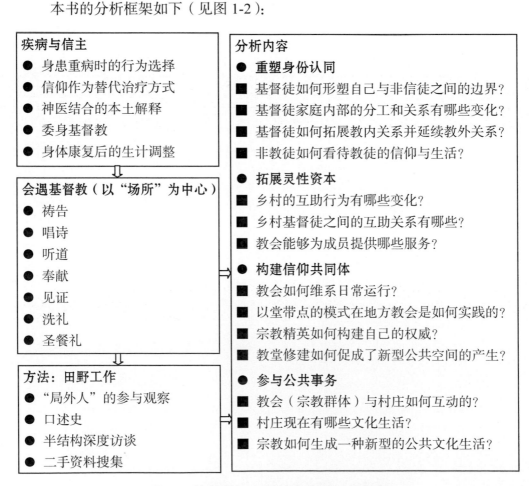

图 1-2 基督教与乡村社会变迁分析框架

基于图 1-2 的分析框架，关于"基督教与乡村社会变迁"的内容最终落实到文中的九个章节。

第一章是导论部分，详细介绍了研究的缘起，现阶段国内外的相关研究综述以及研究方法。简言之，这部分内容主要介绍了为什么做这项研究以及怎样做这项研究。第二章，详细介绍了田野中"我"的角色以及研究地点的基本情况，陈村教会的发展历程。第三章，以疾病与信主的关系为切入点，详细阐释了农民在身患重病的情况下，将基督教信仰作为疾病治疗的某种替代方案，并将信徒分为六种类型。第四章，主要介绍基督徒的宗教生活，既包括以教会活动为主的主日敬拜活动，也涉及日常的以聚会点聚会为表现的团契生活，进而着重阐释了信徒习得基督教教义的过程。第五章，承接上部分内容，分析了乡村基督徒在参与宗教活动，习得宗教知识后，如何重塑自己的身份认同和伦理观。第六章，探讨了信徒如何扩展自己的灵性资本，并从日常互助和教会服务两个视角进行了分析。第七章，从公共空间重塑、文化再造、教会组织和运行三个部分解释了乡村基督徒如何构建信仰为基础的组织。第八章，主要分析教会与村庄的关系，并探讨了宗教权威在村庄的结构性位秩。第九章，结论和讨论部分，从陈村教会的发展、伦理重塑和社区再造、信仰共同体构建三个方面探讨了本书主要内容，最终就乡村基督教的困境和未来表述了自己的理解。

1.3.4 研究创新与研究不足

本书的研究新意在于：第一，采用田野工作的方式，对豫东一个普通农村教会进行了六个多月的田野调查研究，从信徒的宗教活动与经验、教会组织结构和功能服务、灵性资本与共同体发展、教会组织与乡村治理等多个角度阐述了农村基督教传播和乡村发展与变迁之间的关系，力图解释改革开放 30 年来农村基督教增长所扮演的角色；第二，我同时参加北京盼望教会和晋中、晋南地区乡村教会的活动，并作为案例资料补充来源，有利于从更广泛的视角进行理解，并提供了比较的可能；第三，本书以农村基督教增长为线索，通过对农村信仰基督教的个体行为、农村基督教组织的地位角色和农村社会变迁的分析，反思了农村地区遭遇现代化的宏大叙事而引发的发展的意外后果。

本书同时对研究不足予以交代：第一，案例研究不具有普遍性，结论难以推广到中国的其他农村地区。中国不同地区农村的基督教现状存在显著差异，本研究选择中原地区的一个普通农村教会作为案例研究地点，虽然具有一定的典型性，但却存在难以规避的问题。举例而言，尽管在研究地区并没有出现基督教与地方社会冲突的事件，但是在中国其他地区，乡村基督徒曾发生过政治热情，有些教会对于乡村政治的现有态度是一种策略，实践是另一种策略；因为教会发展的历史还相对较短，所以按照基督教仪式举行葬礼的基督徒人数还比较有限，但在更加成熟的教会，"葬礼的选择"已经成为"新时代的礼仪冲突"等等。然而，正如叶启政（2006：20）所言，"社会科学的旨趣并不只在于寻找放诸四海皆准的普遍规律而已，它也在于确立影响某一特定失控现象的特殊因素，因此这种缺陷是难以避免的"；第二，调研难度较大。因为我自己没有信仰背景，尽管近三年来一直都在阅读基督教经典著作，并长期参与城市教会和乡村教会的宗教生活。然而，宗教研究时"局外人"的视角尽管可以保持所谓的"价值中立"，但是因为缺少个体的宗教情感，所以会导致对一些有价值的事件"视而不见"，不能完全理解信徒的感悟；第三，难以保证信徒讲述的故事全部是真实的。这并非说他们有意告知我们错误的信息，而是因为信徒的信仰经历本身难以是客观的，他们可能会根据新的信仰体系重新建构自己对于个人生命历程中发生的各种事件的记忆，并且在无意识中强化了信仰对于个人生命历程的改变，尤其是对于信教前苦难的记忆和信教后生命的更新，可能存在夸大的成分。

第二章　记忆中的田野

> 只有以某种形式参加了宗教的实践活动，因而了解宗教的那些人，才有希望讲出一些关于宗教的有意义的东西。
>
> ——英格（2009：3）

2.1 进入田野

由于宗教研究的特殊性，再加之研究地区基督徒受教育水平普遍有限，通过发放问卷以获取资料的方式并不现实，而且在尚未形成信任关系之前便冒昧地进行面对面的访谈也会影响数据的信度。正如在访谈过程中一位信徒所说的"信主是自己的事情，我们不愿意和不信教的人聊这方面的事情，我们也不想告诉他们哪些人信主，这些都是私事儿"。为了深入理解信徒日常生活及其意义世界，近距离的参与观察是必要的——观察他们自然状态下的交往和行为，聆听他们在各种场合中的言论。因此，民族志方法特别适合于这项研究（杨凤岗，2008：13）。基于当代中国农村多元的宗教生态和多样的宗教实践，再加之宗教研究本身的复杂性和特殊性，为了深入理解农村变迁和发展过程中本土化基督教所扮演的地位和角色，对于乡民日常生活产生的影响，我聚焦于河南省平安县一个普通的乡村教会进行了为期半年多的田野工作。

本书的案例研究地点为河南豫东陈村教会。我之所以选择陈村教会进行研究，主要基于以下原因：

首先，河南省是中国基督人数最多的省份，已有经验研究也以河南为最多。陈村教会辐射的村庄位于豫东平原，这是一个传统的农业社区，当地几乎没有工业，青壮年劳动力多数会选择外出打工以改善生计状况增加收入，地方农村具有"农业女性化和老龄化"、"人口留守化"、"家庭空巢化"、"村庄虚空化"的特征，是当代中国绝大多数村庄面临城市化、工业化、现代化潮流时所可能面临的现实；

其次，这是一个内陆地区普通的农村教会，而且有相对较长（30 年）的教会发展史。教会中 90%以上信徒入教的原因都与个人生命历程中遭遇的苦难相联系，这些苦难包括身患疾病、家庭不和、生活困难、内心孤独等，他们大多数都因日常生活中发生危机性事件而皈依基督教的第一代信徒，遗传型信徒比例较低，这与中国当代的基督教发展现状比较相似。

最后，也是至关重要的一个原因，是能够进入的深度，自 2005 年起，我曾先后三次在当地进行关于合作社和妇女发展的研究，并且曾经与部分基督徒有短暂接触，也与村民建立了基本信任关系[1]。尽管在进行基督教调查时，我仍然存在难以真正融入其中的风险，但已经为顺利进入教会奠定了一定的基础。

我宗教研究的田野工作时间分别为 2012 年 6-8 月（熟识教会和教徒，全面搜集教会历史资料和组织的活动，了解信徒的宗教信仰和日常生活）、2012 年 12 月-2013 年 1 月（了解乡村基督徒冬日的日常生活，参与观察乡村基督教的圣诞庆祝活动），2013 年 7-8 月（补充调研，并努力把握教徒生活的细节以及教徒之间的关系，了解非教徒对于村民信教的看法），2013 年 10-11 月（参加教堂修建，观察各个教徒的行为呈现）。此后，具体而言，我主要做了以下工作：在乡村基督教会，（1）参加教会的各种聚会，包括主日敬拜、周三和周五的聚会点聚会、查经班、执事会议、县两会会议；（2）对关键人物，例如牧师、长老、两会会计、传道人协调员、教会执事等进行了多次访谈，对平信徒、慕道友、兔子信徒等进行正式或非正式的访谈；（3）对所有我能找寻到的文本资料，例如信徒的歌词本、自创的小品、读经或听道的笔记、教会的收入支出表等进行了全面的阅读研究。

尽管问卷式的调查和访谈始终在田野工作中扮演重要角色，并且也搜集了诸多的数据资料，但对于此项研究，参与观察、正式或非正式的访谈、教

---

[1] 我在当地调查的时间和主题分别为：2005 年 5 月，乡村合作社发展的外来干预；2007 年 5 月，社区发展中的妇女参与；2010 年 7 月，合作社发展对村民生活的影响。

会的各种文本资料，才是更为重要的形式。半结构式问卷中所关涉的诸多方面，例如家庭的基本情况、农业生产状况、外出务工状况、村庄集体公共事务参与等，尽管占据了研究的很大部分，但其最重要的目的，是试图从一个更广泛的视角去了解信徒的日常生活，从多个视角探讨宗教信仰对于世俗生活的影响，并努力澄清一些事实。

尽管，我研究的主要经验资料来自平安县，但是对于乡村基督教的理解则来自长期的研究经历，本研究的经验材料也来自更广的范围。为此，对研究过程进行详细介绍便显得尤为重要，而在乡村基督教的研究过程中，我还尽可能利用其他机会分别在晋中、晋南地区做了相关调查。同时作为北京市海淀区就读的一名大学生，我有机会参与城市新兴教会的宗教活动，了解当代城市教会的发展状况，并且拥有了对现代化都市与偏远乡村的基督教进行比较研究的机会。我曾先后在基督教海淀堂参加了一年的主日崇拜活动，并以慕道友身份在北京某家庭教会进行了两年的参与观察，下面将会详细阐述这些相关的内容。[2]

当我真正试图走进信徒生活时，才发现原先的设想显得太过简单。作为一名几乎没有任何宗教知识和信仰背景的研究生，我为自己的田野研究做了一些自认为很充足的准备，我再次翻阅了韦伯（1987；1995）的《新教伦理与资本主义精神》和《儒教与道教》、涂尔干（2000；2006a）的《社会分工论》和《宗教生活的基本形式》，并阅读了斯达克和芬克（2005）《信仰的法则：解释宗教之人的方面》一书，并纠结于基督教在中国乡村的传播是否会产生"新教伦理"，从而促成乡村社会的快速变迁。2012年6月，当我来到田野点之后，我遇到了与吴飞（2001）相似的困境，在日常生活中信教的村民与不信教的村民之间并没有明显区别，在不知道一个村民是否信教的情况下，我无法根据他的外在行为和日常言语判断他是否已经信教。后来，我才逐渐明白，对于一个乡村基督徒而言，基督徒的身份只是其多元身份中的一元，甚至并不构成他最主要的角色，信徒像普通村民一样需要扮演好自己世俗的各种角色。

---

2 在不同地区进行调研，有助于更深入地理解平安县的宗教状况，尽管作为一个个案研究，平安县能在多大程度上代表中国当代基督教发展的现状是一个颇有争议的问题，但是，其在某种程度上代表了某种类型教会的现实。

怀特（1994：339）认为，"无论研究哪一个群体或组织，至关重要的是取得其中关键人物的支持"，于是在田野工作中，教会关键人物的支持便显得尤为重要。在正式进入教会之前，我首先与执事赵丽娟、张蕾分别进行了长达三个小时以上的交流，并且参加了几次范庄聚会点的聚会。我煞有介事地问了她们一些让她们觉得很奇怪的问题，她们信教的教派是什么，与正统基督教之间有哪些差异，是不是逐渐本土化为中国化的基督教等，后来我才发现当代中国乡村的基督教早已不存在所谓的教派分类。她们大概觉得我这个人比较书呆子气。后来，经过一段时间的接触和磨合之后，她们逐渐打消了自己的顾忌和疑虑，并成为我研究过程中的重要帮手，为我提供了教会的很多信息和资料。

在我正式进入教会后，尽管仍然需要有人帮我介绍，但是与自上而下的途径不同，帮我介绍的并不是所谓的上级主管部门，而是本教会的执事，这样一种民间化的方式让他们更加没有压力。我据实陈述我自己的目的，主要是做学术研究，是为了真实地呈现乡村基督徒的生活，并探讨基督教在乡村的传播是否有助于乡村的发展与变迁。教会的执事们在了解我的想法后，纷纷表述自己的诸多想法和意见，并表示她们欢迎我在教会进行调查研究，且有需要的话可以随时和她们联系。尽管初入教会比较顺利，但这并不代表他们已经从内心接受了我，如果想真正进入他们的生活还真是一件难事。教会的"领导们"非常重视保护教会，任何教会的外人[3]都会发现，试图想在短时间内赢得他们的信任与接纳比较困难。而且，在第一次正式的教务组访谈中，她们便表述了自己与异端教派的差异，在她们的描述中，当地的每个村子都有异端教派，有的村庄表现明显，有的村庄则不明显。这些异端教派都是晚上出来活动，并且试图与陈村教会抢夺信徒，他们都是"披着羊皮的狼"。

2012 年 7 月 23 日-26 日的奋兴会改变了她们对我的印象，并且开始和我交流更多的关于信仰和生活方面的经历和见证。当时，我追随执事全程参加了孟村教会举行的奋兴会[4]。因为有六七公里的距离，每天早晨 7 点半便需要

3　教会非常欢迎本社区的非信徒参与他们组织的活动，并将其作为传福音的一个机会。但是，如果操着一口浓重的外地口音，他们就会非常谨慎，因为这些外乡人不是他们知根知底的人，他们难以判别其真实的目的和意图。

4　"奋兴会"，也称"培灵会"，是农村教会为了栽培造就信徒灵命成长而举办的基督教特别敬拜活动，每年一般举办三次，每次连续三至四天。活动由每个乡村教会自己协商时间，并提前一个星期向县两会申请，并由县两会协助邀请外地传道

从住所出发，直到下午 5 点结束。在奋兴会第二天下午，天空忽然由晴转阴，接着便是瓢泼大雨，泥泞的道路阻挡了我们回家的脚步。于是，后来在经历了一系列的淋雨、避雨、等车、乘车、横穿火车道等事件之后，[5]我们才顺利回家，原本半个多小时的路程花费了两个多小时。她们对于我这样一位博士研究生可以连续四天陪同她们参加兴奋会表示惊异，并且在她们得知我还需要自己做饭时，便增加了一些同情心，开始认为一个北京来的大学生不远千里来偏远乡村做调查还要自己买菜做饭，真的很不容易。当然，这样的经历再次回应了我自己的主题，人们对于苦难的经历和回忆，总是在每个人的心目中留存下记忆，这些记忆深刻地影响着我们对于彼此的理解，逐渐内化为相互之间的认同。

此后，执事们都开始支持我的研究，有时她们还会想着有些信息可能会对我有用，2012 年 8 月的一次查经班便是一个例子，当时我正在访谈一位普通村民，忽然接到了张涛的电话，她告知我她已经到达我的住所附近，她们正准备去参加一个县里组织的查经班活动，可能对我的研究有帮助，并建议我可以同她们一起去参加。因此，我在田野中搜集的信息是我们彼此互动的结果，她们主动给我提供了很多意外的信息。

怀特（1994：332）曾指出长时间参与观察的重要性，认为"要和人们会面，要了解他们，要和他们打成一片，就需要和他们一起消磨时间——每天都得花费大量的时间。"在实地调查中，我经常会拍摄一些与主题相关的照片。按照我过往的经历，一般都会在离开研究地点之后洗一些照片给曾经的访谈对象。2012 年 10 月，我从自己拍摄的照片中挑选了一些出来，大概有 300 张左右，并且去冲洗照片，然后我按照村庄和个人姓名分别拿信封装好（详细写明村庄名称和信徒名字），并一起邮寄给陈村教会的执事。

2012 年 12 月底，我主要了解乡村基督徒冬天的日常生活和圣诞节目的排练和表演。当我再次来到田野地点时，我已经可以看到很多教友在自家墙上

员前来教诗、证道。奋兴会期间，教会开展一系列活动，例如唱赞美诗、个人和群体祷告、讲道和见证等，并会在中午免费提供午餐。每次奋兴会的参与人数都会超过日常主日敬拜的人数，并且会有周围教会的信徒前来参加。奋兴会最后半天，一般都会由牧师或长老证道，并且会以圣餐仪式结束。有时，奋兴会还会有新教徒的洗礼仪式。通过开展奋兴会，教会希望藉此增长信徒灵命，实现教会奋兴。
5 我们需要通过一个桥洞，但是桥洞下面早已蓄积了过腰的雨水，我们只能通过穿越火车道的形式通过那一小段道路，才能顺利回家。

张贴着我给他们邮寄的照片。一位 86 岁的老教友甚至张贴了超过 4 张照片在相册里面，并告诉我，她已经有好多年时间都没有拍照，特别感谢我，还表示现在学生都没钱，其实在学校生活也很苦，还花钱给她们拍照片。家境贫苦的霞再一次见到我之后，领着我到她家里，让我看她儿子的照片，并告诉我尽管孩子已经小学三年级了，却始终没有给他们拍摄照片，当她拿到写着她名字的信封时，非常激动，并一个劲地说"照片洗得可得[6]，咱们这儿肯定没有这么好的质量"。当我再一次到达陈村教会的诸多村庄，当教友们拿着照片的时候，他们与我的关系已经不再如第一次见面时的陌生和尴尬，他们很愿意给我分享自己的故事。他们中的很多人表示希望给我兑点儿钱，给我买点儿什么东西，也都希望我可以去她们家吃饭。调研期间，平安县正好下了雪，而且伴随着大风。付桂梅和赵倩看到我在外面走路时都会哆嗦，便坚持为我买了一件棉裤，并反复说着"哪儿都是家"，而其简单的言语背后蕴含着强烈的教义学色彩，全世界的基督徒都是一家人。

2013 年 7 月-8 月、2013 年 10 月-11 月，当我再次来到教会，教友们和我的距离已经拉近，他们愿意分享自己的很多秘密给我。他们对我的态度，从开始时的"你是谁"到后来的"我以前见过你"，再到"你又来了，有时间到我家吃饭吧"，我们经历了从陌生人到熟人的过程，相互之间早已不再是单纯的数据索取者和信息提供者的关系。起初，教友们并不愿太多透露自家经济状况和内心世界。因为从世俗的视角来看，很多教友家庭经济条件都处于一般甚至贫困水平。显然对自身经济地位低下的认可并不符合其宗教身份，因为活在世上信徒个人的日常呈现应该是荣耀神（主）的事情，但是现在他们却是一种边缘的有时甚至是一种"活得窝囊"的方式生活着。

在农村地区，家庭经济条件比较落后的村民在村庄的位置也是比较偏远的，换句话来说，他们在村庄基本上都是失语者，无法在公共场合表达自己的声音。教友们开始和我分享更多生活中的困惑，教友们同样愿意给我提供关于很多其他信徒的信息，并乐意给我分享教会里的人际关系，哪些人的关系比较好，哪些人表面和气其实已经积累了矛盾，也开始表达自己对于教会的期待和教会现在存在的问题。这让我有机会从更全面的角度去了解教会的组织和教徒的生活。

6　"可得"，豫东地区方言，很好的意思。

新世纪以来北京兴起很多新兴教会，这种教会有些被称为"写字楼教会"，在某种程度上代表了中国未来教会的某种方向，将城市教会与农村教会进行比较，除了更好地理解农村教会的发展现状，农村教徒的信仰生活外，还有一个重要目的，那便是尝试对乡村教会的未来走向进行一些探讨。我参与的教会，在北京市海淀区中关村附近，教堂为租赁的写字楼。如同大多数写字楼教会一样，教堂的搬迁是每隔几年便会发生的事情。该教会已经在北京发展 11 年，并于 2013 年 4 月举办教会十周年庆，教堂曾先后迁移 8 次，当然人数也从最初的十多人发展到现在的 500 余名正式受洗的基督徒。该教会现在天津、沈阳、大连、成都等地一共有 11 个教会植堂。教会有专职牧师两名，二人为夫妻关系，周牧师曾接受多年的神学教育，并获得新加坡某神学院的神学博士；洪牧师有新加坡某神学院的神学硕士，且现在已在读神学博士三年有余。

与乡村教会不同，该教会的基督徒以青年为主，80% 以上的信徒都是 80 后和 90 后，85% 以上的信徒文化水平在大学以上，15% 以上的信徒为研究生以上，信徒的职业也各式各样，大学教授、中小学教师、医生护士、工厂经理、普通职员、广播记者等，但是学生构成最主要的群体，约占四分之一左右。与乡村教会微薄的收入相比，城市教会的收入更为可观，以 2013 年为例，教会全年收入约为 197 万。当然，教会财务由专职的财务管理小组成员组成，总会计拥有注册会计证书，曾在国内某一流大学读书，并获得经济学硕士文凭。教会的财务每季度公开一次，涉及教会支出的方方面面，并会精确到分，每年 1 月第 2 个星期日公开前一年教会收支情况。

在北京盼望教会，我作为完全的参与者参加了近两年的宗教活动，拥有自己的小组归属（"提摩太小组"[7]），参与了教会的主日礼拜活动、提摩太小组团契活动、圣经培训课程、圣经读经课程、医治祷告会、小组服侍活动、圣诞节和感恩节、青年学生布道会等诸多活动。

2.2　"我"的角色

作为田野作业者，进入田野的一个首要问题就是自己的身份问题，也就是"我"是谁？"我"和这些被研究者是什么关系？我以什么样的身份进入

7　源自圣经经文："不可叫人小看你年轻，总要在言语、行为、爱心、信心、清洁上，都作信徒的榜样。"《新约　提摩太前书》4：12.

到研究对象当中（艾菊红，2009）。是以"局内人"身份还是"局外人"身份界定自己的身份认同？"局内人"是特定的群体和集体的成员，或者，是具有特定社会身份的人；"局外人"则是非成员（默顿，2003：155）。杨凤岗（2008：14-15）在做华人基督徒身份认同研究时，他发现教会的领导们非常注重保护自己的教会，任何外人都会发现，赢得他们的信任和接纳是非常困难的。但是，因为他是一名基督徒，所以顺利进入田野比较容易。然而，就国内的基督教经验研究而言，绝大多数研究者都会采取"慕道友"的身份，通过亲戚或县基督教会或其他社会关系进入乡村（教会），然后进行相关研究，例如，吴飞（2001）在华北段庄关于宗教信仰与信徒伦理及教会治理技术的研究；黄剑波（2003）在西北吴庄所做的关于基督徒信仰与生活以及与社会变迁关系的研究；李峰（2004）在浙江温州所做的关于乡村教会组织结构的研究；刘志军（2007）在山西平陆所做的关于乡村都市化背景下宗教信仰变迁的研究；陈彬（2007）在山口教堂所做的关于宗教权威构建与表达的研究；王莹（2011）在河南 Y 县所做的基督徒身份建构的研究；李华伟（2013）在豫西地区所做的基督教与儒家伦理的研究；等等。我主要通过熟人介绍 "滚雪球"的方式一步步拓展自己的研究对象。[8]

在研究过程中，我总是难以避免被受访者问及我"你是否信主"[9]、"你是否了解基督教"、"你看过《圣经》没有"等问题。当我回答，我对基督教很感兴趣，但还没有信主时，他们便会规劝我改变信仰，信奉基督教，因为信主的人"活着得平安，死后得永生"。他们经常会问我父母的情况，当他们得知我母亲还在烧香时，就规劝我回家之后，"一定要劝你妈妈信主，信主光有好处没有坏处，回家以后多给你妈妈讲讲信主的好处"。在人们都知道我是中国农业大学的研究生之后，他们会问我一些关于农业生产的问题，例如"地

---

8 关于研究者身份的撰写，部分受益于与王斯福教授（Stephan Feuchtwang，伦敦经济学院人类学系荣休教授）的讨论。王教授是专门研究中国民间信仰的人类学学者。他提醒我，在研究基督教的过程中，自己是不是基督徒是一个很关键的问题。人类学局内人和局外人的观察和研究视角，会在很大的程度上影响文化的内容和表意，而一个人的宗教信仰，也会影响个人的价值判断。一般而言，局外人的视角更有利于保持一种客观的态度。而基督徒的身份，则容易美化基督教在传播过程中的诸多影响，更重要的是，字里行间可能会有一教论的倾向，而忽视了整个农村的宗教生态（2013-05-08）。

9 在农村地区，很少有信徒会说自己"信基督教"，他们会说"信主"、"信耶稣"。

里种什么比较挣钱"；"玉米叶子变黄打什么农药"；"种子可能不合适，我们这儿的土壤什么种子比较好"；等等。

当然，有些事情与农业没有直接关系，有村民认为我是北京来的，便希望我可以帮他们向上级部门反映村干部贪污的事情；夏天玉米遭灾后希望我帮他们向政府申请国家的赔偿；还有村民让我帮她们上网购买火车票；甚至我还帮一个村民预约了北医三院骨科的挂号门诊……当然，还有些村民对我的行为很不理解，"你是农业大学的学生，为什么不研究农业"；"信主的人都是些老弱病残的，你研究他们有什么用"；"现在国家关心农村，多研究研究农村的发展多好，研究基督教没有前途"；……在他们了解到我的主要目的是做研究后，他们开始理解一个还在读书的学生似乎也不能帮他们做什么实际的事情，但是有时候他们仍然愿意向我这个社区的外来者宣泄他们对于村庄存在的各种不公正事件的不满，而又以村干部贪污、低保指标分配不公等最为常见[10]。

在宗教研究领域，人们一直对宗教有两种不同理解：一种是主体界说，称为"在教言教"，即宗教信仰者从"局内人"的视角来言说宗教。另一种是客体界说，称为"教外言教"，即宗教研究者以"局外人"的身份解读宗教（刘海涛，2008）。当然，争议总是会存在，而且似乎永远不会有终点。吕大吉先生（2003：12-13）认为：

> "宗教学研究不是为论证和肯定任何一种宗教，也不是简单地否定宗教，而是对宗教事实做理性的分析。有信仰的人可以研究宗教，没有信仰或者放弃宗教信仰的人也可以研究宗教。问题不在于他们有无宗教信仰本身，而在于他们是否因此而影响研究宗教的客观性。站在特定的宗教立场，把自己的'宗教体验'宣布为宗教的真理，这是信仰主义，不是学术研究；为了表示无神论的坚定性、彻底性，以至于置事实于不顾，否认任何'宗教体验'，否认宗教的任何一种积极的意义和价值，那也是一种'以无神论为至上'"的'信仰主义'。这两种情况都不符合理性的科学态度。"

---

10 对于"村干部贪污"的传言并非仅仅存在于研究地区，在我过去的田野经验中，几乎调研的所有村庄都有村民表示出对村干部不作为和贪污的不满。

因此，不应对局外人与局内人的观点作人为的偏废取舍，而是应该对它们进行兼收并蓄的综合研究。也就是说，研究者应当尽可能地采取一种"方法论上的不可知论"立场。正如卓新平（2008：382-383）所言：

> "教外学者需要'入乎其内'，'出乎其外'。所谓'入乎其内'，一是对相关宗教之'宗教性的'体悟，感受并把握其宗教体验；二是与教内学者、宗教领袖以及信教群众就其信仰前提、神圣象征和宗教传统展开交流、进行对话；三是关注宗教自身的发展及其在社会生活中的定位、作用和影响。'入乎其内'能从这些内在层面上达到对宗教的真正体认和理解，对宗教真谛做出'不隔'的解释和研究。为此，研究者需尽力把握宗教现象的思想核心和精神真髓，并深入探讨与各宗教本质和身份直接相关的神学、道学、经学、佛学、禅学等研究之问题、方法和目的。所谓'出乎其外'，则是回到宗教学研究的基本原则，即跳出单纯某一宗教的立场和视角之外，从普遍的角度和开放的态度来研究各种宗教，'悬置'研究者本身的信仰前提或立场。"

"局内人"（教内言教）因为共享相同的世界观，比较容易考虑到基督徒看世界的视角，也更容易理解基督徒的行为、话语和情感。然而，由于"局内人"之间通常享有一些共同的观念和思维方式，研究者可能会对被研究者的某些语言和行为所隐含的意义失去敏感，他很容易认为自己对这些意义已经十分了解，没有必要再进行追问和探究（陈向明，1997）。与"局内人"相比，"局外人"（教外言教）既不曾在基督教群体被社会化，也不曾有过构成群体生活的体验，因而他们经常不可能有直接和直观的感受。因为一个人只有通过在某一群体生活中持续的社会化，才能充分体会它的符号象征，并有资格参与社会生活（默顿，2003：145）。当然，"局外人"在研究时可以保持一种相对"客观"的心态，在为研究做结论时也比较容易保证一种相对"中立"的立场，并且可以在研究的过程中利用自己的文化框架来帮助自己理解异文化中的某些现象。

"价值中立"是社会科学研究追求的理想。作为一名非基督徒，我可以保持"局外人"的立场客观冷静地观察和记录，使自己避免同时作为"参与者"和"观察者"所产生的二元角色冲突，也不会对教会的事务产生影响。作为身份公开的研究者，我可以在参与聚会的时候保持沉默，随时记录对于现象的观察、信徒的行为和言语呈现以及个人感悟，即使遭遇信徒之间发生短暂冲突的事件时，仍然可以保持客观的态度，而不需要介入其中充当协调人的角色。然而，作为一名"局外人"，我对教会的组织结构和象征符号，对信徒的宗教情感和宗教体验，缺乏共同的理解，更没有像很多信徒那样，将教义内化为指导个人日常行为的准则。然而，经历了近三年多的《圣经》和基督教书籍阅读、城乡教会的宗教活动参与以及与信徒的大量互动，我可以更好地理解他们的生活。这一切使我在搜集资料时，得以在保持价值中立立场的同时，可以采取韦伯式移情的方式理解信徒的生活。

严格说来，一个人在从事宗教社会学研究过程中，纯粹意义上的"价值中立"几乎是不可能的。我将会尽可能按照宗教社会学的特征进行研究。所以，我不会过多强调社会科学价值中立的神话，而是会尽可能地保持一种相对客观的态度，用直白的文字表述我看到的、听到的、想到的东西。在详细阅读时，我们或许会发现，很多时候，我是站在信徒角度去思考问题的，他们生活中所遭遇的苦难，他们"无尽的人生"，我都抱持一种理解的心态。而且，其实他们所表述的似乎难以理解的"神迹"或"见证"，我并不会简单地判断其真伪，也不会做任何的价值判断。在研究过程中，当信徒描述自己经受神的大能而得享神的恩典并作见证时，经常会涉及到研究指涉的"灵验"问题。但是，如若我们更进一步追问，有时为什么信仰基督耶稣真的那么"灵验"，就会涉及到"灵验"是真是假、"灵验"是否具有科学依据的问题。那么，对于这个问题的回答已经超出了社会科学的研究范畴，宗教的社会科学研究本身并不涉及对信仰是真是假问题的讨论（陈彬，刘文钊，2012）。

2.3 陈村周边

2.3.1 经济生活

本研究围绕陈村教会展开，信徒主要来自周边 13 个村庄，这些村庄都与陈村相邻，村民生活方式一致。[11]平安县地处豫东平原、北依黄河，区域总面

---

11 陈村教会是杨乡第一个教会，上世纪 90 年代中期之后，一些距离陈村教堂较远的信徒从陈村教会中分殖组建了新的孟村教会和杨村教会。现在三个教会之间联系

积 1116 平方公里，其中耕地总面积 105 万亩。全县共辖 16 个乡镇，405 个行政村，总人口 80 多万，其中汉族占 99%以上，少数民族以回族为主，其他民族，例如满族、蒙族、土家族、白族、壮族、侗族、彝族等，人数都比较有限。平安县工商业发展相对落后，外出务工构成地方民众的主要收入来源。陈村所在的杨乡位于平安县城西部，全乡总面积 60 平方公里，耕地 76126 亩，辖 40 个行政村，54 个自然村，总人口 59933 人，14654 户，户均 4.09 人。陈村位于乡政府所在地南部约 1 公里处，有农户 391 户，村民 1576 人，全部为汉族。村民受教育程度普遍较低，全村一半左右的村民受教育程度仅为小学及以下[12]。

　　平安县属于暖温带大陆性半湿润季风气候，春暖、秋凉、冬冷、夏热，四季明显，农作物一年两季。陈村周边主要粮食作物为小麦、玉米、水稻、高粱等；主要经济作物为花生、棉花、芝麻等；蔬菜为白菜、大葱、茄子、黄瓜、芹菜、藕、豆角等；水果为苹果、葡萄、枣、梨、桃等。尽管有村庄成立了种养殖合作社，也曾推广无公害蔬菜、温室食用菌、白菜种植等，但均没有获得成功。合作社驱动的诸多种养殖项目仅在两三年内影响村庄的种植结构，但并未对村庄的种植结构产生长时间影响（见表 2-1）。[13]

　　对当地农业生产影响较大的自然灾害主要有：干旱、雨涝、大风、沙暴、冰雹和霜冻等。在历史上，干旱和洪涝是影响农作物生长的主要自然灾害，而且洪涝引起的灾害并不限于农事生产，严重的洪涝灾害会在短时间内同时影响人们的生计资产。贫困户在各类资产存量低的情况下，由于其对物质资产的重视而试图通过其他资产（人力资产和金融资产）转化的形式来应付最低消费，从而过度地消耗了某些资产，使其跌入了贫困的陷阱。此处所指的"某些资产"，被称为"破坏性的应灾策略"，即贫困群体往往迫于生计压力，会比其他群体更快地调配自己的资产用于最基本的温饱需求（Cartera，2007）。

　　紧密，并会在教堂修建、奋兴会等活动中有诸多的联系和合作，但在各项具体事务中已经相对独立，并没有直属关系。因此，详细介绍杨乡的政治、经济、文化是必要的。

12 该数据为 2013 年 7 月时的数据。

13 范庄成立了农民专业组织合作社，并曾经在种植方面号召村民进行种植结构调整，但是效果并不明显，村民参与的积极性也不高。

表 2-1 陈村周边主要农作物管理及劳动力需求[14]

农作物	劳动类型	农忙时间	劳动力需求	劳动强度
水稻	稻田翻耕、育秧、插秧、灌溉、除草、防病、治虫、施肥、收获、晒谷	6月、9月	多	大
莲藕	整地施肥、选藕排藕、灌溉、除草、防病、治虫、施肥、收获（挖藕）	4月、12月	多	大
棉花	棉田翻耕、点种、除草、打药、施肥、摘花晒花	6月、10月	多	大
小麦	麦田翻耕、灌溉、除草、施肥、收获、晒谷	10月、6月	一般	弱
玉米	耕田翻耕、灌溉、除草、施肥、收获、晒谷	6月、10月	少	小

从种植现状来看，当地的种植业发展仍然处于传统的耕种阶段，缺少规模资金和现代农业技术的投入，农产品的收入相对有限，附加值低。换句话说，陈村周边农业发展一直处于内卷化阶段，即"在社区人口不断增长、土地外延式扩张的潜力逐渐减少的条件下，农业生产更多地把相对过剩的农业劳动力投入到相对狭小的土地上，形成了过密化的农业生产系统"（黄宗智，2000：11-12）。在地方土地获取收益有限的情况下，上世纪八十年代中后期，外出务工潮流逐渐席卷整个中国。在此背景下，杨乡农户多数开始采取一种多样化的生计策略，即农户家庭构建一个多元化活动和社会支持能力

14 我之所以详细介绍杨乡主要农作物品种并关注劳动力强度和农忙、农闲时间，是因为乡村基督徒参与教会活动的频率与农忙农闲存在显著相关关系，在农忙时节，信徒因为需要从事相关的农事活动，参与教会活动的人数相对较少，而在农闲时节，信徒参与教会活动的人数相对较多。于是，每年的 12 月份到 2 月份就会成为教会信徒人数最多的三个月；每年 6 月份和 10 月份则会是信徒参与人数最少的两个月（教会的账册可以让我们从一个侧面了解参与教会活动人数的多少）。2013 年 11 月 3 日，陈村教会的执事告诉我，在我对教会进行了长期的调查研究之后，每次数算参与教会活动的人数便逐渐成为他们的工作之一，尽管未必每次都会进行精确地统计，但是却始终会关注人数的多少，2013 年 10 月 20 日，恰逢玉米、水稻、小麦的收获时节，而且之后便是冬小麦的播种时节，绝大多数信徒都选择了在家从事农业生产活动，参与教会主日敬拜的人数只有 30 余人，信徒乐捐也仅有 143 元。我详细翻阅教会的账本，并且将其录入 excel 表格，教会账目从侧面印证了当时信徒乐捐的数额相对较少，但是接下来的一个月收入便会有较大的提升，因为信徒刚刚获得了丰收的喜悦，所以也会有更多的钱捐献给教会。

组合的过程，用以满足维持和改善生计水平的需求（Ellis，1998），"半工半耕"（夏柱智，贺雪峰，2018）的兼业型经济模式在当地最为普遍。

作为一个资源相对匮乏，集体经济衰退的乡镇，地方农户获取收入的来源相对有限。众所周知，河南省是农民外出务工大省，有人甚至用"有人的地方就有河南人"来形容河南人是如此之多，却又如此能吃苦。外出打工的潮流席卷整个杨乡，打工逐渐成为农户生计的主要方式，并构成农户获取收入的主要来源，约占现金收入的 65%左右。在杨乡，外出务工的村民可分为五种情况：一是，全家常年外出务工，耕地不再种植，而是交由兄弟或他人耕种，只是过年时回家；二是，全家季节性务工，但尚未放弃农田种植，在农忙时回家，农闲时外出[15]；三是，周期性外出务工，有活时外出，没活时回家；四是，在临近务工，有时在县城，有时在外县，有时就在本乡镇，主要在跟随建筑队外出；[16]五是，留守妇女的暂时性务工，例如新疆"摘棉花"和农忙时的短期农事工作。

在杨乡，无家庭成员外出的农户相对较少，这种农户又可以分为两种类型：第一种是家里有生意，例如开小卖部（或其他商店）、跑运输、搞养殖，等等；第二种是男性丧失劳动力，难以从事苦力劳动，即便在外也难以获得理想收入，于是干脆在家种地。[17]在访谈中，多位受访人均表示，社会发展到这个阶段，如果老老实实在家种地，只能应付门头差事，例如婚丧嫁娶的随礼、小孩的小学初中教育、小病的医治，等等，如果想改善经济条件，提高生水平，必需外出务工。

与以往学者在探讨具体内容时均以教堂所在地为例进行说明不同，本书第六章-第八章，在阐释信仰共同体构建、村庄秩序维系和灵性资本三个部分时，将主要以范庄为例，而不是以陈村为例，其原因主要包括以下几个方面：

首先，尽管教堂在陈村，但陈村并非该教会信徒最多的村庄，范庄是教会基督徒人数最多的村庄，参与活动的信徒有 60 余人；

其次，范庄的村庄政治与宗族有紧密联系，可以方便我们同时关注宗族、宗教与村庄政治的联系；

---

15 在农业机械化逐渐普及的背景下，农户的农忙时节相对缩短。

16 第三种类型和第四种类型，多为丈夫外出，妻子留守在家的"留守型"家庭。

17 根据调研数据显示，因为身体状况不好，难以外出务工的农户家庭生计状况普遍不好，他们多数都是农村的中低收入家庭。

第三，范庄每逢四、逢九都有集市[18]，便于观察集市作为公共空间的某种形式对范庄人的影响，也便于观察信徒在集市的各种行为；

第四，范庄作为杨乡新农村建设的示范村，当地有更多的发展干预项目进入村庄，有利于关注信徒在发展项目中的表现；

第五，近年来范庄有农民合作组织成立，并且合作社与村委会之间有紧密的联系，共同在村庄开展了很多活动，例如成立文艺队、发展老年人组织、开展农业技术培训等，这为我们观察和比较信徒参与村庄公共生活提供了多种场域；

第六，与我过去的研究经历有关，我曾经于 2005 年 5 月、2007 年 5 月、2010 年 7 月先后三次在范庄开展调研活动，有机会了解村庄近年来发生的一系列变迁，并见证了村庄的学校重建、道路建设、村委会搬迁、发展项目进村、楼房的涌现等，有机会理解村庄出现的"发展的受害者"（博德利，2011）。

范庄为我们提供了更多的观察信徒行为的场域，有助于我们从更宽广的范围了解信徒在各个社会空间的表现。范庄共有八个村民小组，357 户，1521 口人，基督徒主要分布在二队、三队和四队。范庄现有耕地 2860 亩，主要是水田，常年种植小麦、水稻 2600 亩，稻、麦轮作。小麦一般亩产 250 公斤，水稻 500—600 公斤。养殖业以养猪为主，现有养殖户 100 余户，生猪存栏 1000 多头。范庄建立了图书室，并开展读书活动，然而由于诸多原因，很少会有村民去看书。村庄公共空间主要是文化广场、小学旁边的健身活动场所、十字路口、各个小卖部和磨房。范庄的八个村民小组有 17 个姓氏，其中 5 个为比较大的姓氏。各个姓氏聚居而居，形成了中国特有的宗族结构。从信徒构成来看，各个小组都会有信徒。

2.3.2 宗教生态

伴随城乡一体化进程的推进，乡民的生活空间有明显改变，但是，对于日趋"空心化"的村落来说，守土村民[19]日常生活的范围仍然主要局限于自己

---

18 农历初四、初九、十四、十九、二十四、二十九。

19 "离土"和"守土"，是用来指称农民是否流动的两个词汇。"离土不离乡"，是指农民在不离开家乡的前提下，从事某些非农业生产和经营活动进而增加收入；"离土离乡"，是指农民背井离乡去往城市打工挣钱，被称为"农民工"。本研究主要研究"守土"的农民，农业生产活动是日常生活最为重要的内容，农业收入是他们自己（此处单只他们自己，而不是家庭）最重要的收入来源。他们由于诸多原因，并没有离开故土去往城市打工，也没有从事某些非农业生产活动从而脱离农事生产。

生活的村落。村落既是指农业社会中人们共同居住、生产、生活的空间，也是指在这一空间中生活的一个群体，还是指一种制度性的人群组织类型（刘铁梁，1996）。对陈村周边乡民来说，其日常生活的空间主要在本乡镇，其文化生活的外部空间也多数限于本乡镇。鉴于现在学界多数使用"宗教生态"或"宗教文化生态"来描述各宗教的基本情况，所以，本书借用该词汇，并介绍陈村周边的宗教历史和现状。[20]

所谓"宗教生态"，就是指社会中各种宗教的存在状况，它与自然界的生态有类似之处。在正常情况下，它们彼此间应该是互相制约达到一个平衡状态，即各类宗教各得其所，都有它们的市场，满足不同人群的需要（段琦，2009：140）。宗教生态论的重心不在阐明各种宗教自身的状况与发展，它侧重在宗教关系及其态势的考察上，其任务不在揭示宗教的一般特征并归纳出它的社会作用，它关注的是生活中宗教系统的生成与变化，宗教系统与环境的关系，文化共同体生存的总体态势（牟钟鉴，2012）。宗教生态论的背后，隐藏着另外一种宗教信仰关系的要求，这就是为传统的民间信仰与民间宗教直接张本，争取在当代中国五大宗教之外的合法性发展空间（李向平，2011）。

陈村教会所在的平安县地处中原地区，在历史上佛教和道教曾广为流传，并在民众的信仰生活中扮演重要角色。然而，佛教何时传入县境年代无考，据旧志记载，明洪武二十四年，县境内第一座佛寺一观音寺在平安县建立。明清两代，平安县设有掌管佛教事务的僧会司，由当地僧人出任僧会官，但有其名而无其实，司内有掌书一名，僧人20名。每逢举办道场之际，僧人身披袈裟，撞钟击木鱼，诵经拜佛，善男信女奔走寺院，烧香礼佛，其中妇女尤多。有些富户办丧事，还邀请僧人超度幽灵。民国16年（1927）前后，打神毁庙，没收庙产，破除迷信，佛教逐渐衰落。目前，佛寺，僧人已不复存在，只有少数群众特别是一些老年人，逢年过节在家供上神位，烧香祷求平安（平安县志，1999：292-293）。

---

20 在研究过程中，丁荷生教授（Kenneth Dean，加拿大麦吉尔大学东亚研究系詹姆斯·麦吉尔教授）曾提醒我，需要特别关注教会周边的其他宗教形式，尤其是民间信仰与基督教的关系，并认为基督教的民间信仰化，是一种非常正常的事情，任何一种新的文化在扩散过程中，都会遭遇旧文化的抵制。在此期间，不同的文化之间的契合、冲突和融合是比较有意义的研究（2013-05-10）。

　　道教在县境内活动年代久远。据《平安县志》（1999：292）记载，明嘉靖年间，县境内就已有城隍庙、玄都观、玄帝庙、三官庙等一些道场。民国时期，县内以传道为职业的道士已不多见，一般信教的群众也大多不太虔诚，只是遇到吉凶大事时，才到庙里或家里焚香祈祷，乞求神灵，逢凶化吉。只有很少的信徒每月初一、十五和一些重大节日才到固定场所进行祈祷。此时，城隍庙的道士，打扫庙宇，击磬撞钟，接待前来进香、许愿的善男信女。每年的农历五月二十五，有庆祝城隍生日的城隍庙会，六月二十五日有庆祝火神爷生日的庙会，十月有天齐庙会，十一月有萧朝庙会，十二月有腊月庙会。每年的三个鬼节（清明节、七月十五月、十月初一），众人抬着城隍庙里的城隍，巡视全县，鞭炮阵阵，鼓乐喧天。解放后，县内已无道士，信奉道教之人甚少。

　　今天，当地已经没有专门的佛教和道教活动场所，真正对农民信仰生活产生影响的，主要是民间信仰[21]，信徒的活动场所一般都是在家里，每逢初一十五在家烧香。当地还有一处"张爷庙"，并已成为地方香客保佑祈福的主要宗教活动场所。 解放后，在破四旧时，张爷庙部分古建筑被毁，并被改为中学，90年代初学校迁走。此后，有乡民在向政府申请之后，开始筹集善款，为张氏重塑金身，并在庙前起更会，每月初一十五，都是庙会之日。同时，附近几十里的香客也在初一十五来庙里烧香，祈求张氏保佑赐福。特别是正月初一，夜里12点前来烧香的人更是争先恐后，祈求一年的平安吉祥。张爷庙距陈村教会仅500米左右，其从本质上来讲是对于古代圣贤的崇拜。与今天陈村周边仅剩"张爷庙"一处宗教活动点相比，过去的活动点则丰富得多。

　　与制度性宗教基督教相比较，基督教有创立者耶稣基督，神圣观念"三位一体"的神，神学经典《圣经》，以教会为载体的组织，一系列敬拜仪式，而民间信仰既没有神学经典（宗教教义），没有宗教仪式确定成员身份，也没有固定的群体或组织，但是他们有一系列的敬拜仪式，也有某个相对固定

---

21 我用民间信仰指称这种对杨乡民众生活产生深远影响的信仰活动。尽管，现在学界对中国民众普遍的民间信仰形式的称呼还存在争议，例如"民间宗教"、"民间信仰"、"民俗宗教"（folklore religion）、"弥散性宗教"（diffused religion），等，指的是流传于民间的一种信仰心理和信仰行为，一般指的是在乡土社会，植根于传统文化，经过历史遗留并一直延续至今的有关祖先、神明、鬼魂、圣贤、天象的信仰和崇拜。

的崇拜对象。所以，民间信仰是一种没有神职人员指导下的平民自发进行的宗教活动。作为当地主要的民间信仰活动场所，村民并不关注张爷庙属于佛教圣地还是道教圣地，关键是"很灵"，这实质是一种对于古代圣贤的崇拜活动。

从我数次参与地方崇拜活动的情况以及对张爷庙管理人员的访谈来看，地方宗教活动参与者主要包括两种人，一种是乡民在生活中遭遇某种难以解决的痛苦，例如因病烧香的人很多，在当地医疗条件有限、乡民难以承担高额的医药费用的背景下，很多人（或家人）身患重病后难以获得良好的医治，便依照传统惯例，生病以后祈求神灵，求神保佑，一种不灵就换一种，带有强烈的功利性色彩，所以因病烧香的人数最多。当然有时还会有其他形式的需求，例如求姻缘，父母为子女求姻缘，或者年轻人自己求姻缘；求学，父母为子女求神灵保佑，学习成绩提高或者可以进入好的高中和大学，一般每年六七月份人数最多。诸多香客都认为张爷很灵验，所以，每月的农历初一十五，地方的香火都非常旺盛。每年农历二月十五和农历九月九日重阳节，张爷庙都会通过开展各种活动，例如象棋比赛，香塔大赛等活动聚集人气。而每每在此时，张爷庙都会吸收各地的香客前来进香。

正如何慧丽（2011）所言：

> "在现代化变迁和乡村变迁的宏观趋势中，农村宗教生态仍然较为典型地呈现了中国式民间宗教的特点，体现为儒释道与基督教等宗教'多元一体'关系的动态发展：'多元'是指儒释道与基督教等多神信仰的动态（或和谐或冲突）共处关系；'一体'是指诸宗教信仰的社会性功能突出，农村留守群体对诸神的信仰本质上服务于小农经济社会结构下自身和家人的功利性、实用性祈福。"

在豫东农村，尽管近三十年来基督教快速增长，并开始在农村地区有着越来越明显的影响力。然而从人数来看，基督徒在总人口中的比例只有 3.6% 左右，人数远低于民间信仰者，尚未形成基督教"一教独大"的局面；从影响来看，基督教的影响主要集中于信徒及其家庭，因为基督徒的信仰多数是个人行为，以女性为主，男性信教的现象仍不多见，家庭行为（全家人信教）和家族行为（整个家族信教）的现象几乎没有。

2.4 教会历史

2.4.1 基督教传入平安县

基督教在河南的传播可以追溯到 19 世纪末[22]，内地会[23]于 1884 年在周家口（现在周口地区）得到房舍一所，开始传教工作。以后十年，一直是内地会在河南传教。因为"本省农民居多，性极守旧，拘墟固陋，变化实难；且忿怒时形于色，尤有北方强悍之风。其对于道路及卫生诸事，漠不经意。昔年排斥西人之举动最烈，至今乃稍敛迹……当时外国宣教士在本省极难获得立足之地，在大城市中更难"（中华续行委员会，1985：183-184。）因此，来到河南的传教士首先选择在偏僻的地区暂住，耐心等待时机。"1894 年传入彰德（安阳）的加拿大长老会，1899 年传入新安的瑞华会，1898 年传入信阳、确山两地的美国路德会（后为信义会一部分）。他们也都是先在偏僻地区立足"（傅良平，1993：215）。二十世纪的头二十年是基督教在河南传播发展最快的时期。到了 1920 年"本省一百零八县中仅二县无基督教受餐信徒"（中华续行委员会，1985：180）。

开封是"最后一个开放为基督教宣教区的省城"（中华续行委员会，1985：184。）开封是当时河南省省会，地处中国的内陆中心，是当时的政治、经济、文化中心，因此各差会都希望进入开封进行传教。由于开封排外之风盛行，基督教第四次传入中国将近一百年后才开始进入开封。基督教约于 1915 年左右，由开封传入平安县境，民国时期共有四个派系，即中华基督教、福音会、圣公会、浸礼会和循礼会。在解放初期，平安县共有基督教信徒约 2030 人，18 个活动堂点，截止到 1958 年，活动堂点增加到 26 个，教徒增加到 2700 余人（平安县志，1999：292-293）。此后，政府对宗教活动采取了过激行动，教

---

22 直到 1884 年，河南省尚没有固定的宣教事业，最早的记载出现于 1884 年。

23 中国内地会（下简称为内地会）是最早进入河南的基督教会，也是中国最大的基督教差会。内地会是英国宣教士戴德生（Hudson Taylor）1865 年创办的一个超宗派的跨国家的基督教差会组织。戴德生为内地会制订了五条原则："一，这个差会是跨宗派的，任何宗派都可以参加。二，这个差会是国际性的，任何国家都可以出人出钱。三，这个差会要求其传教士和中国人'打成一片'，生活、起居、衣着尽量地中国化。四，这个差会的主要目标，不在招收教徒，而是要面向全国，以最快的速度传播福音。五，这个差会的传教士无固定工资，要求刻苦献身"（顾长声，1985：159-160）。

堂或被拆掉，或被挪作它用，大量教徒惨遭批斗。到"文化大革命"初，信徒仅剩 117 人，活动堂点减少为 4 个。基督教活动由教堂活动改为在家秘密聚会礼拜祈祷。[24]

十一届三中全会后，宗教自由政策得到贯彻执行，宗教活动合法化、公开化，教徒增加较快。地方政府为引导宗教活动沿着正确的轨道发展，1982 年底平安县"三自"爱国运动筹备小组成立，并确定了 20 处"三定"（定地点、定片、定负责人）活动场所，信徒人数约为 2500 人。同年，基督教—祈馨堂房产恢复，并对外开放，成为教徒礼拜及其进行宗教活动的场所。1989 年底，基督教"三自"爱国运动委员会和基督教协会成立，以便进一步加强对基督教自身管理和推动爱国爱教的正常进行。在当时，基督教信徒发展到 5331 人，堂点 21 个，其中受洗信徒 1418 人，分布于全县 16 个乡镇，384 个自然村。[25]

近三十年来，平安县的基督教经历了快速的增长，到现在已经逐渐趋于稳定。我曾就平安县基督徒的人数访谈了袁牧师、赵长老、两会[26]常委何会计、两会常委乔传道，关于全县基督徒的人数并没有准确数据，而单个教会也没有精确的统计。信徒人数之所以没有精确数据，主要源于以下几方面原因：

一是，信仰边界的不确定性，即：信徒身份以受洗为标准，还是以经常参加聚会为标准？两会在对各个教会进行统计时主要以"已经受洗并经常参与聚会为标准"，而地方基督徒则以"悔改"作为个人身份认同的主要标准；

二是，教会成员身份缺少强制性，信徒都是自愿参加活动，并且具有一定流动性，在农村打工经济盛行，兼业型经济成为主流的今天，这一情况更加明显，[27]再加之很多信徒受洗之后可能又不信了，难以进行精确地统计；

---

24 我曾就基督教历史状况访谈了平安县基督教协会会长袁牧师，他表示，在文革期间，诸多的宗教资料被销毁，再加之平安县是建国后两个县域合并的结果，所以现在几乎找不到关于基督教的历史资料，仅有的资料来自《平安县志》中宗教文化部分对基督教概况的说明。

25 关于基督徒数量的统计数据，不可避免地会存在统计学意义上的诸多问题。例如，1958 年，全县有信徒 2700 余人，文革前减少到仅为 117 人，信徒转为地下聚会的现象在当时一定存在。然而，平安县老一辈的牧师和长老均已经离世，在当代数据尚且难以精确的背景下，这些历史数据更难精确。

26 在本书中，如无特殊说明，两会均指称基督教三自爱国运动会和基督教协会。

27 以我调查的陈村教会为例，日常参加教会礼拜活动的人数一直在 105 人左右，圣诞节的人数则将近 300 人，春节时更是会达到 400 人左右，外出务工的信徒家乡教会参与活动便是一个重要的原因。

三是，实际工作中，信徒对教会没有组织上的隶属关系，教会没有信徒等级制度，也没有人做详细的统计[28]；

四是，家庭教会与"三自"教会没有组织联系，聚会点一般在信徒家里，不对外开放，人数难以统计。

县两会给宗教局上报的人数为 16000 人左右，真实的数字要高于这一数字，人数应该在 25000 人左右，约为全县总人口 80 万人的 3.1%左右。信徒呈现"四多"现象，妇女多、老人多、文盲多、病人多[29]。这样的比例与我在实地调查中所了解的情况差别不大。[30]虽然从人数上来讲，基督徒所占比例很小，但是如果说起"信耶稣"、"信主"[31]、"做礼拜"则几乎每个村民都知道，即使他们自己不是信徒，也会有某个亲戚已经信主。

截止到 2013 年底，平安县共有 59 个教会，其中 2 个为县城教会，其余57 个为乡村教会。[32]县两会根据每个教会的信徒人数和收入状况，将所有教会分为三种类型：一类教会共有 9 个，其中 6 个信徒人数在 500 人以上，年收入在 60000-80000 元之间，3 个教会信徒人数在 1000 人以上，年收入在 10万元以上，每年需上交县两会办公费 1200 元；二类教会共有 4 个，信徒人数在 300-500 人之间，年收入在 3-5 万元之间，每年上交县两会 1030 元；三类教会 46 个，人数多数在 300 人以下，日常参与活动的信徒在 80-110 人之间，人数最少的教会仅有 30 余人，还有 2 个教会信徒人数为四五十人，有 3

---

28 王莹（2011：44）在中原地区 Y 县所做的关于"基督徒身份认同"的研究、李华伟（2013：20）在豫西所做的关于"乡村基督徒与儒教伦理"的研究遭遇同样的困境，均难以获取关于县域基督徒的精确数据，这并非因为县基督教两会不愿意提供真实的数据，而是因为不管是县两会还是宗教局都难以获得地方基督徒人数的精确数据。

29 病人，因病信教的信徒，他们或者信教之后身体已经康复，或者信教后仍有疾病缠身。

30 在此，我们需要关注的一个议题是，乡村基督教会的信徒呈现出老人多的特点，却不能因此就断言绝大多数乡村基督徒都是已经人到老年的时候才委身基督徒，从田野工作的笔记来看，四分之三以上的基督徒都是在中年时做出信仰基督教选择的。而在早期发展阶段，教会的信徒并非以老人为主，而是以中青年妇女为主。

31 在平安县，基督徒一般被称为"信主"或"做礼拜"，民间宗教信仰者被称为"信神"或"烧香的"。

32 平安县最小的教会为牛村教会，信徒只有 30 人左右，日常参与主日敬拜的信徒有时仅有 10 余人；平安县最大的教会为北街教会，信徒人数在 1200 人左右，日常参加主日礼拜的信徒有四五百人。

个教会年收入在 4000-5000 元之间，有 6 个教会年收入在 6000-8000 元，有 28 个教会年收入在 1 万元左右，有 9 个教会年收入在 1-2 万元之间，有 6 个教会年收入在 2-3 万元，这些教会每年需要上交两会办公费用 840 元。[33]尽管这种分类体系未必合理，但是仍然可以从某种程度上了解到该县各个教会的基本情况。我们仅从平安县教会的分类便可以看出，尽管平安县基督教两会管理的教会数目较多，人数较多，但是总体而言，各个乡村教会的收入非常有限，用县基督教协会主席袁牧师的话来说，就是"平安县的教会都是穷教会"。

2.4.2 陈村教会的缘起和发展

陈村教会的起源可以追溯到 1982 年，当时教会第一个信徒李梅因疾病治疗的缘故而加入基督教[34]。她是教会第一个信徒，也是杨乡第一个信徒。[35]她当时身患肺病，之后尽管经历了长时间的治疗，并先后到开封和郑州转了好几个医院，但是始终没有痊愈，身体健康每况愈下。此后，医生告诉她的家属可能需要考虑放弃治疗或者去北京的大医院诊治，在当时全家收入有限的状况下，到北京的大医院治病是他们想都不敢想的事情。在经过长时间的奔走之后，她的家人已经逐渐放弃了希望，并且做好为她办理后事的准备。恰在此时，她远在信阳的亲戚知晓了她的病痛，也了解了她的难处，便来到李梅家里传福音，告诉她已经被主拣选，主拣选有苦难的人，因为"**在世上有苦难，在主内有平安**"[36]，主通过疾病的形式让她遭受患难，考验她的意志，

---

33 在此处，我之所以如此详细地介绍平安县教会的分类和县基督教两会的收入概况，是因为一方面我们可以了解到当地教会的人员状况，另一方面当地的教会普遍比较贫穷，也使得教会没有充足的财力去做很多想做的事情，"贫穷中的奉献"在当地很受欢迎。

34 我进行调查时，李梅刚刚过世一年。作为教会的创办者，每个信徒都对李梅的印象记忆犹新，并且可以讲述自己对李梅的了解。关于李梅的信息，我主要来自对教务组成员尤其是对王菊（王菊在李梅信主前一年嫁到她家当儿媳妇）的访谈，这是因为王菊是李梅的儿媳，对于李梅的情况非常了解，并几乎见证了婆婆信主后的所有生活。

35 洪丽莎博士（Isabelle Ang，法兰西学院中国高等研究所）曾提醒我，必需关注教会的第一个信徒，其个人的人生阅历或精力会在很大程度上影响其后加入教会的信徒对于教义的理解，也会影响教会的传教方式（2013-05-12）。

36 "我将这些事告诉你们，是要叫你们在我里面有平安。在世上你们有苦难，但你们可以放心，我已经胜了世界。"的简短表达，来自《新约·约翰福音》16：33.

"凡事都有神的美意"，神一定藉着这件事情让她悔改受洗，将会大大地享受神的祝福。她们邀请她去信阳唱灵诗、学经文、领受神的恩典。

在遭遇疾病难以医治的背景下，李梅在亲戚的陪伴下，抱着"试一试"[37]的心态去信阳参加了一个多月的教会活动，此后，她的身体就奇迹般地有所好转。在蒙受神大能的恩典[38]之后，她认为正是神赐给了她第二次生命，她便悔改、信主并广传福音。[39]作为一位生于 20 世纪 30 年代的妇女，李梅并没有接受过教育，但就是在不识字也看不懂圣经，在没有专门活动场所的情况下，李梅走访周边村庄的病人并以亲身经历传教。没有活动场所，她便将自己家作为临时的聚会点，没有座椅便采取信徒自带板凳甚至坐在板砖上的方式，不识字看不懂圣经便请人查字典诵读，不会唱赞美诗便去其他教会学习。[40]

在杨乡的三个教会，李梅享有崇高的声望和地位，这不仅因为她是杨乡第一个教徒，还因为李梅见证了教会从无到有，从一个分殖为三个独立教会，信徒人数从几个人发展到十几个人到数百人的过程；更重要的是她言语谦卑，充满爱心，为人良善，乐于奉献，在各方面都是其他信徒学习的榜样。李梅的影响力并不仅仅局限于杨乡，在整个平安县，她都是一个传奇，在教徒人数渐增的情况下，在经历了多年秘密集会的家庭教会形态之后，她与县两会的牧师、长老积极联系，顺利实现了从家庭教会向三自教会的转变。1992年，陈村教会获得县宗教局颁发的宗教活动场所证书，并成为"政府准许的宗教活动场所"。与此同时，老组长还积极为教会的聚会场所奔走，并见证了三个教堂从无到有的过程。在她过世以后，县基督教两会的牧师、长老、常委，兄弟教会的信徒，甚至信阳、新乡等地的信徒都前来参加追思礼拜，

---

37 在此处，使用"试一试"的心态是比较合适的，因为当时，她们实在是找不到其他的途径医治疾病，而且当时刚刚 50 多岁。当然，在个人身份转换之后，从一个"世人"成为"基督徒"之后，其个人的表述就会有很明显的区别，当然不会再使用这样的词汇，而是"主通过疾病拣选了我"这样的话语。

38 对李梅来说，在她面临死亡威胁时，神的恩典是如此明显，甚至让她起死回生，肉体生命的救赎表现是非常明显的。

39 2013 年 11 月，我在孟村教会进行调研时，在和一个赵寨的女信徒闲聊时，无意中得知她从小跟随奶奶信主，她奶奶是文革之前便已经信主的，但并没像李梅一样广传福音，所以并不为外人所知。

40 20 世纪 80 年代，老一辈基督徒都面临着相似的困境，宗教仪式参与的意义远胜于宗教知识的学习和宗教意义的理解。

这从一个侧面体现出老组长的个人魅力，她是韦伯意义上的"卡玛斯里"型宗教领袖[41]。

在访谈过程中，很多信徒都会回顾教会早期的情况，在那个物质条件相对匮乏的年代，人们多数通过步行的方式往返于家与教会之间，当时信徒人数比较少，聚会也没有固定场所。对信主时间较长的老信徒而言，他们仍然可以回忆起聚会点不断迁移的经历。陈村教会，聚会点最早在老组长李梅家里，后来又搬迁到侯村公路旁边的一个厂房中，因为修建公路的缘故聚会点被占用，此后挪到曹村火车站旁边。

伴随着地方基础设施建设的开展，教堂所在地的位置逐渐显得相对较低，在夏天雨水较多的时候，积蓄的雨水有时甚至会渗入教会，直接影响人们聚会的心情，同时也会产生安全隐患。于是在 2007 年底信徒便开始筹备修建教堂，并于 2008 年 10 月底顺利开工，年底召开献堂典礼。此后，信徒告别了老旧的旧教堂，来到了新建的教堂，教会也经历了快速的复兴和繁荣。[42]

到 2013 年底，陈村教会的信徒人数已超过 400 人，但日常参与教会活动的人数在 100 人左右。从人口学特征来看，陈村的基督徒大多数由村庄的弱势群体，即村民口中的"老、弱、病、残"构成。老，从年龄层面看，信徒构成以老人为主，三分之二以上的信徒年龄在 60 岁以上；弱，从家庭经济状况看，五分之四以上信徒的收入水平属于村庄的中等及以下；病，从信徒健康状况来看，三分之二以上的信徒曾经生病痊愈或尚未生病痊愈；残，从信徒的身体状况来看，存在较多行动不便的信徒。从信教的时间来看，90%信徒信教的时间集中在上世纪九十年代中后期以后，且 2010 年之后信教的人数已经非常有限。在访谈中，很多信徒不能清晰地表述自己信教的确切时间，我需要通过询问其子女结婚、孙子女出生等家庭大事的时间唤起他们的回忆，这是因为，"如果时间超出了词汇所表达的范畴，就没有专门的时间词汇，只能将时间转化为曾经发生过的、容易记住的特殊事件"（张柠，2005：34）。

乡村基督教教会在复兴的同时也遭遇到很多前所未有的挑战，例如，城市化的挑战，青年一代纷纷离开农村去往城市打工，很多信徒甚至执事都已经离开家乡选择外出，农村逐渐成为"空村"；很多老年基督徒需要在家照看

---

41 卡玛斯里型，即个人魅力型。

42 关于修建教堂的场地选择、资金来源、信徒的奉献牺牲和参与、两会角色等，将会在"教堂修建"部分进行详细的说明。

年幼的孙辈，经常难以抽身去教会参加活动；异端教派[43]的兴起和冲击，与教会争夺门徒，教会在一些神学问题上没有能力为信徒提供完美的解释，一些信心软弱的信徒离开教会；家庭教会[44]的兴起，一些信徒会选择去家庭教会敬拜，追求灵命成长（刘澎，2000）等。在本研究中，家庭教会与"三自教会"在宗教信仰方面并无根本区别，其差异主要体现在办教方式上，家庭教会不接受的是政府政教不分、"官办教会"的管理模式，并不是宗教异端组织。事实上，我在研究中并未将家庭教会成员与三自教会成员区分为两个群体，而是分别构成了乡村基督徒的两个来源。当然，受限于成员身份等诸多问题，本研究的主要对象仍然以三自教会的信徒为主。

　　乡村教会的未来走向，成为一个新的问题，不论是牧师、长老，还是普通信徒都普遍认为当今乡村教会面临着衰退的风险，如何在世俗的金钱社会追求信仰和灵命成长，成为地方教会和信徒面临的新挑战。

---

43 例如，东方闪电、"三赎"基督、女耶稣、哭教、呼喊派等。

44 "家庭教会"，是指中国大陆没有经过政府批准认可的、由信仰基督教的群众自发组织建立的基督教会。"家庭教会"与家庭无关，因产生初期没有教堂，多在教徒家里举行聚会，因此得名"家庭教会"。家庭教会不是宗教意义上的教派，不是一个统一的组织，而是一个政治上的概念。家庭教会（housechurch）在中、英文里已经成为约定俗成的专门术语。国内外学术界、宗教界、新闻媒体对家庭教会定义的理解基本一致：凡在中国大陆范围内与中国基督教三自教会（得到中国政府承认的基督教会）没有关系的基督教组织，皆可视为家庭教会。

第三章 基督信仰作为疾病治疗的替代方案

人的尽头就是神的开头。

——佚名

3.1 因病信教：农民信教的直接动机

基督徒的信教动机和原因是大多数研究者在对中国基督徒现象进行研究时都会涉略的话题。尽管，不同研究者在陈述基督徒个人信仰确定时会有各种各样的阐释，然而，详细分析之后，我们发现其解释集中在三个方面：一是，个人原因，基督徒信教的直接动因，一般是信徒个人在日常生活中遭遇难以应对的个人危机，例如，信主治病、灵魂拯救、家庭遗传、家庭不和、生活不顺等；二是，社会原因，例如宗教信仰自由政策的实施、农村文化生活单调、农村医疗卫生落后、社会保障制度不健全、打工经济带来的亲子分离而引发的孤独感、文革对民间信仰的打击等；三是基督教文化本身，例如基督教的本土化或中国化、基督教团契活动的方式、基督教对弱势群体的关注等[1]（唐晓峰，2013）。

在阅读现有基督教研究文献时，我发现了这样一个事实：很多研究者在对基督徒信教动机进行探讨时，都得出相似的结论，发现有相当一部分基督

---

[1] 对于基督徒信教原因的研究非常多，唐晓峰（2013）在《改革开放以来的中国基督教及研究》一书中进行了总结。本书在此就不加赘述了。

徒是为了医治疾病而走上皈依之路，信教后疾病就痊愈或有所减轻，疾病治疗是农民信教的重要原因。鉴于此，我并不打算像其他研究者一样，从基督教文化本身、个人信教的直接动因、农村社会变迁等方面对乡村基督徒信教的原因进行全面的解释，而是重点关注"疾病与健康"这一发展研究经常关注的议题，我将专门就农村因病信教这一现象进行全面而深入的分析。

我们先来看已有研究对于农村因病信教现象的描述。中国社会科学院世界宗教研究所的《中国基督教入户问卷调查报告》显示，我国现有基督徒约2/3 以上（68.8%）的基督徒把自己开始信教的原因归结为"自己或家人生病"，且年龄越大，选择这一答案的比例越高，从最年轻的"14 岁及以下"组的 31.5%逐渐上升到最年长的"65 岁及以上"组的 78.7%（金泽，2010：191-204）。刘志军（2007：15）在山西张店镇调查了 371 个信徒，结果显示，祈求身体平安的信徒占调研对象的 59.30%，希望病体康复的信徒占受访信徒的 54.45%；王丽萍等人（2010）发现，有村民在患病后医治无效或某大医院医生都认为治不好时皈依基督教，信教后病就不治自愈或者有所减轻；陈占江（2007）也发现，有相当一部分基督徒是为了医病或祛灾走上皈依之路，在他们看来，耶稣能治百病，能祛万灾，医病祛灾是他们皈依的主要原因；杜晓田（2011）的个案研究同样显示，身体不太好、曾经得过病和经常得病的信徒比例占调研村庄基督徒的 68.8%。他们所做的经验研究，都从某个侧面表明，农村地区因病信教的现象具有普遍性。有学者将疾病作为个人生命历程中苦难的一种形式做了深层次的解析，并认为非家庭式入教信徒最初接触基督教信仰的契机多与个人生活或生命历程中的压力或危机事件相关，皈依者个人或其至亲面临着疾病的折磨或死亡的威胁时，便由于多年疾病缠身受到"信主治病"的宣传和动员而入教（梁丽萍，2006）。

农民因疾病引发个人危机而加入基督教在开始时都带有功利性的目的。之所以有这样的实用性和功利性，是因为"基督教不仅是农民艰难贫困生活中的唯一依托，是他们祈求平安、祈求衣食、消灾祛病的唯一方式，更是改善其自身处境的唯一希望"（高师宁，2005b）。在基督徒视阈中，苦难已得到解释，且被赋予了正面的价值与意义（李华伟，2012），疾病给个体带来的肉体痛苦便与基督教为个人提供的心灵寄托之间产生了紧密联系。当然，"信主治病"的传教策略并非当代的发明。在中国基督教传播的历史中，"借医传教"一直扮演着重要的角色。例如，在晚清时期，医疗工作就一直被视为传教的副业,治愈疾患是为了体现上帝的爱意(高稀,1996),医学传教士同时服从两个天职的召唤:基督世界的召唤,世俗世界的召唤。"借医传教"采取的是一种医疗救护和宗教教育同时进行的方式,在教会医院,常见的是候诊室宣道、早礼拜、病房布道、与病人交谈等(李传斌,2007),在中国医疗卫生落后的历史背景下,"借医传教"缓解了民众的痛苦,并取得了良好的效果,为基督教吸引民众皈依披上了合法的外衣,教会的医疗事业也获得了巨大的发展(杨念群,1997)。

在平安县,多数信徒都是因疾病的缘故而为主拣选最终信主的。在陈村教会,按照陈村教会教务组对本教会信徒的分类,可分为三种类型:"因病信主"的人数最多,约占 73.3%;其次是因事信主[2]的约占 16.5%;平安信主[3]的比较少,只占 10.2%。之所以将疾病与信主单列出来进行详细的分析,主要基于三个方面的原因:首先,陈村教会近 3/4 的信徒认为自己归信基督教的原因是"自己或家人生病";其次,对陈村教会而言,主日为生病的教友(病号)祷告并选择探访部分病重的教友是教会最主要的社会服务功能;第三,乡村的非信徒多数认为信徒信主的主要原因就是要么是"为了医治疾病",要么是"老太太岁数大了没事儿做锻炼锻炼身体"。本章关注的问题是,农民在自己或家人身患重病无钱医治或医治无效的背景下接触基督教,将信仰耶稣作为一种替代性治疗方案并皈依基督教,这一过程遵循什么实践逻辑?

3.2 替代治疗:从民间巫医到基督耶稣

"看病难、看病贵"已经成为中国现行医疗体制的"疑难杂症"。普通大众不光"看病难",也还"看病贵"(寇宗来,2010)。有时候,他们需要通过"托关系"、"送红包"等方式才能获得高质量的就诊服务,有时要等待很长时间才能获得短暂的诊疗服务。[4]当农民家庭遭遇重大疾病时,无钱医治和医治无效就成为困扰很多家庭的问题。巨额的医疗费用常使收入不高的家庭收支失衡,储蓄耗尽,并会带来精神上的巨大压力,一个大病患者往往使整个

---

2 因事信主,因夫妻矛盾、婆媳不和、邻里冲突、脾气不好等原因信教。

3 平安信主,家庭无病无灾,但是觉得信教好,受父母、亲戚或其他熟人影响而信教。

4 在实地调研过程中,多位受访者都曾表达了就现在婴儿在医院出生需要给医生和忽视送"红包"的现象表达了不满,但是,为了确保母子(女)平安,他们不得不随大流给医生 1000 元或 2000 元的红包。

家庭陷入贫困，使家人在以后的生活中不得不面临经济和精神上的双重困难，偏离正常的生活轨迹。

在通过正式的医疗途径难以减轻或治愈疾病时，农民便可能寻求非正式的替代性途径——"民间偏方"，民间巫医、江湖郎中、基督耶稣都可能成为他们的选择。在通过正式的医疗途径难以减轻或治愈疾病时，农民便可能寻求非正式的替代性途径——"民间偏方"，民间巫医、江湖郎中、基督耶稣都可能成为他们的选择。本书认为农民因病信教主要遵循这样的逻辑：自己（或家人）生病→健康（或生命）遭受（死亡）威胁→农村看病难、看病贵→无钱治病（或治病无效）→寻求替代治疗途径（巫医或耶稣）→基督教提供合理解释→"自己犯罪，神的拣选"→"神医结合"的治疗方式→疾病减轻（或痊愈）→皈依基督教。

3.2.1 疾病治疗：无钱医治与医治无效

健康是人的基本需求。然而，健康一旦遭遇意外打击，就可能导致经济和精神的沉重压力，生活水平下降，进而使家庭陷入贫困。在农村地区，农民对小病、大病的分类有着具体的认识，小病主要是指感冒、头疼、发烧、拉肚子、流鼻涕等可以在本地诊所医治的疾病；大病是指在农村诊所无法治疗需要去县市医院的医治病痛，需要做检查，拍 X 光片，甚至住院、做手术。农民心目中的这种"大病"和"小病"的疾病谱系是与时间序列紧密相联的，小病恢复快，支出少，大病则时间长，支出多。对"大病"、"小病"的区分是农民面对农村相对贫困和医疗资源相对匮乏的环境时所做的理性选择，当然也是不得已的选择（杨善华，梁晨，2009）。

在调查过程中，经常听到村民抱怨村庄医疗条件差，治疗费用高。不过，只要能在村庄诊所获得医治，村民肯定不去大医院。而在谈及疾病治疗时，很多受访者在言语间都表现出诸多无奈，例如"每年只有四五千元收入，如果得了大病去大医院诊治，根本拿不出那么多钱"；"年轻时受了很多苦，没有照顾好身体，积累了一身毛病，每年吃药都要两三千元"；"现在有高血压，去医院要花几千块，岁数大了，不想再给家人添负担"……在访谈过程中，有时还会听到农民抱怨最近村里生"大病"、"怪病"的人多了，去医院也不一定治得好，较高的医疗费用支出，使很多农村家庭难以承受，便出现了一些替代性治疗方案。

无钱医治和医治无效，是很多农民在自己或家人患大病后面临的直接问题。在调查地区，村民生小病后均会选择本村诊所看病，诊所一般为曾在医学中专（卫校）接受教育毕业的村民在自家庭院所开，医疗条件有限，药品种类也有限。村庄没有专门的药店，很多村民有时会选择去县城买药。在调查过程中，经常听到村民抱怨村庄医疗条件差，治疗费用高。不过，只要能在村庄诊所获得医治，村民肯定不去大医院。因为大病治疗会给农民带来沉重的负担，有时需要几千元甚至数万元的医疗费用。一个大病患者往往使整个家庭陷入贫困，使家人在以后的生活中不得不面临经济和精神上的双重困难，偏离正常的生活轨迹（刘颖，任莘，2010）。当地农民用"一人生病，全家受累"和"一年生病，三年遭罪"表达疾病对家庭生活的影响。

新农合在一定程度上减轻了农民"看病贵"的问题，但因为农民文化水平有限、不清楚门诊和住院的报销项目、报销审批程序比较复杂、大病报销比率低等诸多原因[5]，尚不能从根本上解决农民看病难、贵的问题。[6]56 岁的肖艳谈起医疗费用时说，"每年收入去除支出，只有四五千元，如果得了大病就需要去大医院诊治，根本拿不出那么多钱"。49 岁的李秀告诉我，"年轻时受了很多苦，没有照顾好身体，积累了一身毛病，每年吃药都要两三千元"。76 岁的老人梁娥也表示，"腿上有骨刺，还有高血压，去医院治病要花好几万，岁数大了，不想再给家人添负担"。在访谈过程中，有时还会听到农民抱怨最近村里生"大病"、"怪病"的人多了，去医院也不一定治得好，较高的医疗费用支出，使很多农村家庭无法承受，便出现了一些替代性治疗方案。

3.2.2 替代疗法：民间偏方与基督信仰

在正式的医疗途径不能减轻疾病或费用过高难以承受时，农民不会选择放弃，而是选择相对便宜的替代方案（Bradley，2007），其中一条重要途径便是走访巫医[7]和民间神医。巫医认为村民身染疾病的主要原因是"鬼怪缠身"、"阴魂附体"，他们自称有一套"神道附身"之术，可以施展"法术"，请神附体，进行"赶鬼治病"。通过充当"鬼怪"（"阴魂"）与"病人"之间的"灵媒"角色，巫医用自己的知识系统构建了一种鬼神、巫医、病人三者之间的"灵的三角"结构（赵旭东，2013），并为病人提供了一整套看似合理的解释，并经

---

5 本书并不对新农合进行专门研究，所以只是简单阐释。

6 调研数据显示，很多村民在国家出台新农合政策之前就已经信主。

7 例如巫婆、神汉、大仙等。

常会有神奇的治疗效果，有时病人的疾病真的得以医治。[8]正如杨善华（2009）研究所展示的，农民有时会选择费用相对低廉的民间的非正式医疗系统的一种过程重于结果的"仪式性治疗"的替代方式。民间神医自称世代名医（神医），拥有祖传秘方，大到癌症，小到伤风感冒，他们无所不会，无所不能，并会通过"狗皮膏药"或"神丸"药到病除。有的"神医"会通过村民之间的口口相传获得好名声，例如，一些村民在因放鞭炮、被狗咬等原因而身染破伤风之后就会去拜求县城的一位老神医，而老神医的偏方多数时候也都能药到病除。然而，不论是巫医还是神医，都会收取一定费用，有时甚至需要数千元。基督教在农村传播之后，尤其是本村或周边村庄有因信基督教而原有疾病治愈的奇迹发生后，就会产生传染效应。"信耶稣"逐渐成为部分农民治疗疾病的替代性选择。与民间偏方相比，基督教更有吸引力，例如不需要破费钱财、信徒之间互动频繁、通过祷告直接与神交通，等等。

有时农民因自己或亲人患病医治困难会主动寻求信徒为他们祷告，"驱除邪灵，恢复健康"[9]。妇女曹涛便是因为不平安而主动寻求本村信徒为其祷告，从佛教徒转变为基督徒。她孙子因贪玩碰倒家里的烧瓶导致脚被严重烧伤，后被送往医院治疗，但仍留下伤疤且经常疼痛。她认为自己虔心烧香磕头拜观音孙子还出了事，可能观音并不能保佑一家人平安，便找本村信徒郭丽祷告。郭丽认为她是拜偶像，拜偶像的人不平安，因为"他们的偶像是金的，银的，是人手所造的。有口却不能言，有眼却不能看，有耳却不能听，口中也没有气息。造他的要和他一样，凡靠他的也要如此。"[10]此后，张村部分基督徒选择在她家临时聚会，因为"邪灵的力量很大，需要有信心的教徒一起祷告才能压得住"。在经过听道、唱灵诗、祷告等宗教活动之后，孙子不再感到疼痛，曹涛抛弃了在堂屋正中供着的观音雕像，撕毁了在墙上贴着的观音画像，并悬挂了"神爱世人"的大幅画像，宣告成为基督徒。

有时则是信徒主动探访有病人的家庭，宣传"一人信主，全家平安"[11]，

8　本书中"灵的三角"受益于中国人民大学赵旭东教授（2013）的"田野研究与民族志方法"报告。

9　他们将疾病归因于邪灵附体，后文将会有专门的阐述。

10　《圣经·诗篇》115：4-8.

11　"一人信主，全家平安"是基督教本土化实践的地方性表达。在基督教教义里，个人得救的唯一方式便是悔改、受洗并皈依基督教，并不存在一人信仰，全家得救的情况。

并邀请他们参加教会活动。教会老执事长王菊便是一个案例，她于 1983 年得了重病，之后转了好几个医院，都没有康复，家人已经做好办理后事的准备。后来，信阳的亲戚带领当地信徒给她传福音，认为她已经被主拣选，主通过疾病的形式让她遭受患难，并邀请她唱灵诗，学经文，领受神的恩典和祝福。王菊抱着试一试的心态去信阳参加了一个月的教会活动，身体就奇迹般地康复了。[12]此后，她便信主并传播福音，在不识字看不懂圣经且没有专门活动场所的情况下，走访周边村庄病人并以亲身经历传教，逐渐形成现在的教会[13]。

3.2.3 信主治病：神迹效应与信徒分类

在农村地区，很多身患疾病的村民开始时都是抱着"试一试"的心态接触基督教，看耶稣是不是真的很灵验，"神迹"是不是真的可以降临在自己身上。"神迹"是"相信由神干预世俗事务所引起的合意的效果"（斯达克，2003：135-136）。对于患病村民（或家人）来说，疾病的减轻或治愈就是神迹，就是神的恩典，是否见证神迹会直接影响他们做出是否成为信徒的选择。在参与教会活动后，村民之间因为对基督信仰的理解和疾病恢复状况的差异产生了分化，最终部分人选择继续留在教会，而部分人则选择了离开；部分人逐渐成为虔诚的信徒，还有部分人仍然抱持功利的目的[14]。根据村民疾病治疗状况和基督教信仰状况可将村民分为六种类型：

（1）有些村民，在信仰基督教之后自己（或家人）疾病减轻或治愈，她们便把疾病视为神拣选和考验自己的方式，成为一名虔诚的基督徒，坚持祷告、读经、唱诗，参加教会活动。张蕾本是贵州人，在上世纪 80 年代中期嫁到河南，成为外地媳妇。她儿子刚刚出生之后身体就不舒服，并且同时染上了咳嗽、发高烧、拉肚子三种病，每天病快快的，时间前后差不多半个多月。初来河南农村的张蕾人生地不熟，便一个人背着儿子东跑跑西串串地看病，

---

12 若我们更进一步追问，有时为什么信仰基督耶稣真的那么"灵验"，真的可以医治顽疾，就会涉及到"灵验"是真是假、"灵验"是否具有科学依据的问题。那么，对于这个问题的回答已经超出了社会科学的研究范畴，宗教的社会科学研究本身并不涉及对信仰是真是假问题的讨论。

13 老组长的案例资料主要源自对其儿媳、执事长曹嫱、执事张玲和张蕾的访谈。

14 如果进一步追问为什么村民之间会存在这些差异，那么，可能同时存在活动参与、教义学习、个人理解、家庭阻力、个人性格或者别的原因中的一种或几种，这些都值得我们进一步去探讨研究。

前后去了很多家诊所，花了很多钱。有一次，儿子的病情再次加重了，外面还下着雨，她给儿子披了蛇皮袋之后背着儿子往外跑，没有想到半路上雨变大了。她便来到一家农户家躲雨，这家女主人是基督徒，告诉她有空的时候多求求主，主会医治她儿子的疾病。后来，她便把自己交托给主，在主的带领下找到了好医生，并且去车站旁边的药店买了药，没过几天她儿子的病情就好转了。此后，她便经常参加活动，并且成为了教会的执事。

（2）有些村民在疾病减轻或治愈后成为基督徒，但仍然抱持功利的目的，他们把耶稣基督当成比观音[15]能力更高的神，只是有事时才会祷告，参加教会活动。王秀珍因身染肺病而在亲戚影响下接触基督教，在参加教会活动两个多月后病痛减轻，之后受洗成为教徒。此后她只是在遭遇患难（不平安）时，例如身体不舒服、家庭内部闹矛盾，才会去教堂祷告并求耶稣给自己恩典。她把耶稣基督当成是最有能力的神，比掌管一方的观音、佛主能力更高的神。

（3）有些村民加入教会之后，便夸大了信主治病的效果，认为"耶稣可以治百病、祛万灾"，"即使偶感风寒，主会保佑自己尽快康复"，他们成为教会的异端[16]。刘霞便表示，"生气才会生病，信主之后心情好了就不会生病，现在每天开开心心，很少生病。…既然有主的庇护，就不需要像世人那样再和医生打交道"。执事张玲认为，"刘霞信的教是邪教，和她这样的人接触就会沾染邪灵，他们这些人以极端的形式夸大了耶稣对信徒疾病的治疗功能，不利于信徒的身体健康"。

（4）有些村民加入教会后疾病并没有得到医治，但经过一段时间对基督教的学习、感悟和理解，他们并没有离开教会（王莹，2011：57），因为"凡事都有神的美意"，参加教会活动已经成为一种习惯。李秋云因常年腿疼的缘故在邻居带领下加入基督教，参加教会活动三年多后，腿疼的毛病没有减轻也没有加重。当言及为什么病痛没有减轻还信主时，她表示，"在教会唱歌特别有意思，很开心，如果一段时间没去心里就会闷得慌。现在岁数大了，信主后虽然腿疼的毛病没好，但也没生别的毛病，这已经是神给的恩典"。

（5）还有些村民因为疾病没有得到医治，便离开教会，有的甚至成为教会的反面教材，宣称"信耶稣没有用，教会所行的事都是骗人的"。芦娟从小

---

15 观音信仰是中国最普遍的民间信仰形式之一，此处以观音代指民间信仰形式。

16 一位受访的乡村医生表示，有些信主的村民有病忍着，不去诊所看病，不打针，不吃药，因为他们相信祷告可以医治疾病。

身体就不好，经常生病，在听说信主可以减轻疾病后便主动去教会参加活动，学习祷告、唱灵诗，但是一年之后身体状况并没有改变。她逢人就说，"信耶稣也不管用，教会里说祷告可以治病的见证都是骗人的。"而执事张倩则表示，"主是让人喜乐的，她信主之后脾气还是很大，经常生气，所以身体才没有好转"。

（6）有些村民虽然皈依基督教，但并未完全放弃民间信仰，在遭遇难以医治的疾病时，他们有可能放弃信仰基督教，重新回归烧香磕头，求神拜佛。陈娥是张村最有名的老信徒，她信主几年后便选择将自家庭院奉献给主作为聚会点所在地。在张村，每周三和周五下午（或晚上）都有很多信徒到她家聚会、唱诗、祷告，有时虽说不是聚会时间，但也会有信徒到她家交通[17]。2012年底，她身染一种白天安好，晚上小腿疼痛难以入睡的怪病。信徒都认为她被邪灵附身，并为她做了医治祷告。然而，陈娥的病痛始终不见好，她开始烧香拜佛，并寻求民间偏方的医治。此后，村庄成立了新的聚会点，绝大多数信徒断绝了与她的联系，因为"信主的和烧香的不是一家人"。[18]

农民在身患重病无法获得医疗救治，生命遭受威胁时，寻求耶稣基督的帮助，是一种注重过程的仪式性治疗。在开始时，信仰耶稣和寻求巫医、民间神医、烧香拜佛之间没有本质性差异，是一种与正式医疗制度不同的替代性医疗方式。但是，普通村民却很难价值中立地评价那些因信主治病而成为基督徒的事情。他们很少会站在患病者当时痛苦、无奈和绝望的视角，而是采取了一种"污名化"（戈夫曼，2009：2-27）的处理。"污名化"是社会赋予某些个体或群体以贬低性、侮辱性的标签，进而导致社会不公正待遇等后果的过程。这是因为，在研究地区，2/3以上的信徒家庭经济条件都处于村庄中等水平以下，所以，信徒被村民认为由一些"老弱病残"的基于相互之间的安慰和扶持需要的弱势群体构成，并认为信教的人"无非就是想治好病"，"没病没灾的人不去教堂"；"信教就是为了治病，他们这是封建迷信"；"耶稣治病是骗人的，都是穷人的想法"……而那些信仰基督教之后疾病没有减轻反而加重的信徒则提供例证强化了污名的标签。事实上，绝大多数信徒并非在

---

17 基督徒之间的交流被称为"主内交通"。

18 北京大学方文教授曾提醒我，需要关注在疾病与宗教信仰之间徘徊的个案，这些特殊的改宗的个案有时候能从另一个视角折射出乡村基督徒的信仰动机和行为（2012-06-30）。

生病之后不去医院看病，不打针吃药，而是认为需要采取"神医结合"的治疗方式。

3.3 神医结合：本土解释与灵验驱动

在《疾病的隐喻》中，桑塔格（2003：53）指出"任何一种病因不明、医治无效的重疾，都充斥着意义。内心最深处所恐惧的各种东西，全都与疾病画上了等号，这使得疾病本身成为隐喻。"疾病，作为一种恶的象征，作为个体生命历程中苦难的一种形式，不仅意味着肉体的痛苦，还伴随着无奈、伤感、焦虑、恐惧、绝望等心理折磨。在患大病、怪病之后，农民现有的知识体系并不能给他们提供完美的解释，此时本土化的基督教提供了比较满意的解释。

宗教是一个意义系统（Silberman，2005），会塑造信仰者对世界的看法。在陈村教会执事眼中，疾病并非个体在一定病因作用下导致正常的生命活动受到限制或破坏，而是"撒旦魔鬼在捣乱"，"犯了罪不肯悔改"，"神藉信徒生病得著荣耀"，"是神通过疾病痛苦拣选信徒"……简而言之，疾病是自己的"罪"造成的，是神的旨意。只有通过"神医结合"的方式，疾病的痊愈才有可能。这让我想起了威廉·古德（1990：1-2）对于宗教的理解：

> "日常生活中平凡可见的事仿佛并不神秘，人们理解其前因后果，但生活中也充满了许多非人所愿的悲剧：亲人的故世、自己的死亡、疼痛和磨难、侮辱和不公正、饥馑和疾病、干旱和洪涝。人们试图通过宗教而理解一切，相信存在另一种更高的超现实，所有的悲剧在那里皆可视为理所当然，是更大的有序和谐的构成部分，甚至是有利的。"

"神医结合"的本土化表达是：村民生病是因为犯了"罪"，生病后要靠着信心祷告，求主赦免自己的"罪"，求主恩赐聪明的医生和管用的药，身体尽快康复。在他们眼中，这个世界是神造的，医院是神造的，医生是神造的，药也是神造的。医院就是为了减轻人的病痛，所以医院的标志是"十"字，和基督教的标志"十"字架是一样的。所以，生病就要祷告求主恩赐聪明的医生和管用的药，才能使顽疾的治疗从不可能变为可能。但是，如果有些人祷告了，却仍然没有得到医治，那是因为"不论是为自己的疾病祷告，还是为别人的疾病代求，都当出于信心，没有信心的祷告，是得不到应允的"。因此，祷告必须求主加增信徒的信心，因为经上说，"出于信心的祷告，要救那病人，主必叫他起来。"[19]然而，即使有时靠着信心祷告，神也没有医治，也要顺服神的旨意，相信神的美意。

在陈村教会，为生病的信徒（或家人）祷告是主日礼拜的一项重要功课[20]。有时，执事还会在礼拜结束后以教会名义购买50元的礼品[21]探望病人，让他们感受主的恩典。在2012年8月初，我跟随教会执事一起探访患病的信徒。执事长曹婷婷这样祷告：

> "慈悲的天父，你的孩子在这里向你祈求祷告，孩子知道，信靠你的人必然得救。求你在王伟的生命当中，使他能够经历奇妙，经历你的恩典。因为撒旦魔鬼的捣乱，他今年身患重病，去了几家医院，也经过了专家医治，但是仍然没有痊愈，仍然感到软弱。但是，主啊，你却使他绝望有希望，因为你是全能的主，是慈悲的父。这个世界是你造的，医院是你造的，医生是你造的，药也是你造的。主啊，求你赐给他聪明的医生，赐给他管用的药，使他早日脱离疾病带来的痛苦。主啊，人是不能的，有你就必能，因为你是万有的耶稣，愿你在王伟的生命和肉体上做你的拯救和医治。亲爱的主，我谢谢你，谢谢你，孩子如此地祈求、祷告、仰望、交托，不敢靠自己，乃是奉我主基督耶稣的圣名祷告，阿门。"

在经历集体祷告后，生病的教徒表示，"感谢主的恩典，感谢教会的姊妹，我为主奉献的很少，却得到很多。在祷告之后，在经历了和主的交通后，再次感受到康复的希望。"在这一过程中，执事凭借自己掌握的宗教知识构建了一个"病人-执事-耶稣（上帝）"三个行动者之间的"灵的三角结构"。病人的苦痛被形塑为撒旦魔鬼捣乱的结果，耶稣（上帝）则被形塑为医治疾病的慈悲的父神，执事则成为在神与人之间传递信息的代理人（赵旭东，2015）。

在教会，经常有教徒做关于疾病医治的见证，他们往往会通过叙事的方式赋予日常生活中的事迹以意义并以此形塑和理解自己的基督教信仰。[18]例

---

19 《圣经·雅各书》5：15.

20 信徒会把聚会点信徒生病的情况告知执事，在礼拜即将结束时集体祷告，盼望早日康复。

21 50元是执事根据教会的收支情况，经过多次讨论商量的结果。

如，"婚后多年没有子女"、"儿子发烧头疼久治不愈"、"腿脚不灵便"……她（他）们都表示自己是因为疾病的缘故被主拣选，"主通过肉体的疼痛试探我，让我蒙恩得救"。这种重复叙述的策略似乎无时无刻不在提醒教徒，只有主耶稣才能医治自己。在教会，我们经常可以听到有教徒做这样的见证，"如果耶稣真的可以治愈自己（或家人）的病患，就给主发光（50元或100元）"。这是一种世俗需求与神圣信仰相互交织的杂糅现象，是一种"与主谈条件"的功利性宗教实践，类似于农民在寺庙烧香拜佛的"许愿-还愿"行为。尽管，执事长曾多次劝诫每位教徒改变"与主谈条件"的事神方式，不论个人祈福如愿与否，都要相信神的安排。然而，受制于现实生活中的诸多患难和风险，灵验倾向始终支配着很多农村基督徒的宗教情感，很多教徒成为"灵验型"基督徒。

3.4 身体康复：生计调整与生活改善

身体的康复，不论对个体来说，还是对家庭来说，都具有深远的意义。首先，有助于增加农户人力资本。人力资本，是指处于不同年龄层次和健康状况的家庭成员所拥有的劳动能力总和，是家庭在某一时期所拥有的和可支配的、用于谋生的劳动者个人素质和家庭特征。人力资本有三个测量指标：家庭整体劳动能力，即处于不同年龄层次和健康状况的家庭成员所拥有的劳动能力总和；家庭中是否有至少一个男性成年劳动力；家庭成年劳动力的受教育程度（李小云等，2007）。个人健康的恢复将会增加家庭整体劳动力，并减少部分家庭成员照料病人的时间；其次，有助于增加农户的金融资本。金融资本，是指农户可支配和可筹措的现金。身体健康的恢复可以减少农户医疗卫生支出，减轻家庭生存压力，同时可以将资金运用到其他生产或生活方面。

家庭成员健康的恢复有助于改变农户的生计策略，调整家庭成员的角色分工，重新配置劳动力资源，从而提高整个家庭的收入，并减少支出，改善生活水平，并显著提高家庭成员的幸福感。1957年出生的赵倩，2012年腊月受洗成为基督徒，在她的一生中充满了苦难。因为丈夫腿疼，她自己身体又不好，因此无法外出打工，家庭只能依靠种植有限耕地来获取微薄的收入。尽管村庄给她家办理了一个低保名额，稍微改善了家庭的生活状况，但这也杯水车薪。在访谈中，赵倩多次提及，信主后不论是身体，还是心理，与之前相比有很大变化，这也让他们有机会投入更多劳动力去尝试新的耕作方式。

> "在刚信教时，他们也都在说我们家人在犯病，当时好像被邪灵附身了，说哭就哭，说笑就笑，有时候还会无缘无故地发脾气。有时候，我不当家，总是说胡话。后来也断断续续去看过几次医生，但是一直没有效果，后来还去看过巫婆，烧过香，却一直不当事。[22]虽然找人看病花的都是小钱，但是断断续续地加起来，最少都有四五千块钱，而且看过之后不除病根，有一阵不犯病了，之后还是犯病。此后，村里的张蕾给我传教，并且告诉我信主能治病，能调节思想，断断续续说了几次之后，我便开始信主了。我跟随村庄其他信徒去参加活动，起初因为身体不舒服便想着全当是解解闷儿，开心一下。大约半年之后，身体便渐渐好了起来，也不再没事儿就胡说八道了。"

> "我家是一队的，耕田属于村庄灌溉条件最差的部分。以前家里也种植水稻，但后来因为家庭劳动力投入和灌溉麻烦而放弃了。最近四五年，身体好了之后，当家的和我商量尝试种植大蒜。大蒜属于经济作物，收入远高于种植小麦、玉米等大田作物，大蒜和蒜苗都会有不错的收益。在 2012 年时，每亩蒜的产量约为 3200 斤左右，价格也很好，2.3 元每斤，再加上蒜苗的收入，每亩大蒜纯收入在 7000 元左右。"

张月月的故事，则是信徒在身体康复之后，为丈夫外出务工提供了机会。张月月，今年 45 岁，22 岁时嫁到李庄，起初日子虽然清苦，但还算开心，但是伴随着小儿子出生之后，身体一直不适，没有力气干活，还经常生闷气，于是早前在外务工的丈夫也选择了赋闲在家种地并专门照顾生病的妻子。她讲述了自己的故事：

> "我来到他家（丈夫家）以后（出嫁之后），就没有过一天好日子。他家底子薄，就没什么家底。我一嫁过来就开始干活，可能是当时太累了，儿子出生时也没有得到很好的照料，落下了一身的臭毛病。后来，老房子禁不起风吹雨打已经快塌了，没法住人了，于是便东拼西凑借遍了整个村子，终于把房子建好了，但打那以后

---

22 不当事儿，豫东方言，没有作用的意思。

身体就不行了。2009 年后，我开始信主，信主之后心情愉快了，身体渐渐好了起来。差不多一年半左右的时间，我终于可以自己料理家务和绝大多数农活，不过，像打农药这样的农活我还是需要雇人。后来，我便和当家的商量，既然自己可以完成农活，而且照料好家庭，那么他便不再需要专门留在家里照顾我了。现在，我在家里干农活，他出去打工，如果实在忙不过来，我再打电话让他回家帮忙。"

张月月最终选择了丈夫农闲外出务工，[23]农忙回家帮忙的方式，家庭的生计模式不再是单一的方式，这一新的分工模式显著增加了家庭收入。从上面两个故事可以发现，尽管赵倩和张月月的故事存在些许差异，但是都具有某些共同点。她们都在身体康复之后，改变了家庭的生计策略，赵倩选择调整种植结构，张月月则选择了"男工女耕"的兼业型的生计模式。她们都改善了家庭生计状况，提高了收入，并减少了医疗卫生支出，从而最终提高了生活水平。

3.5 小结和讨论

农民因疾病引发个人危机而加入基督教，起初都是抱着"试一试"的"宁可信其有，不可信其无"的心态走进教堂看信主是不是真的很"灵验"。在教会，经常有信徒做疾病医治见证，他们往往会通过叙事的方式赋予日常生活中的事迹以意义并以此形塑和理解自己的基督教信仰（Ranmo，1999）。例如，"婚后多年没有子女"、"儿子发烧头疼久治不愈"、"腿脚不灵便"……她（他）们都表示自己是因为疾病的缘故被主拣选，"主通过肉体的疼痛试探我，让我蒙恩得救"。"试一试"的心态凸显了中国农村地区农民信仰基督教的功利性动机。起初，在许多信徒的眼中，耶稣不过是自己原来信仰的神仙菩萨而已，是一种民间信仰的转化。他们将基督教看成一种有时候比传统宗教显得更为"灵验"的信仰来对待，新的信仰是否继续保持"灵验"，直接决定了教徒的信心（范正义，2011）。这便意味着，"信徒接受和信仰基督教的动机，是出于满足个人现实生活中某种直接可见的具体需要，而不是对教义教理有深刻的

---

23 因为张月月的丈夫早期有外出务工从事建筑的经历，而且其实在家期间偶尔也会在临近做一些相关的建筑活动，因此可以在很短的时间内便适应外出务工的生活。

理解和认同，更没有抑制和放弃对世俗物质的欲望而去努力追求信仰的超越性和终极意义"[24]（刘诗伯，2006）。

在陈村教会，经常可以在教堂听到有信徒做这样的见证，"如果耶稣真的可以治愈自己（或家人）的病患，就给主发光（50元或100元）"。这是一种世俗需求与神圣信仰相互交织的杂糅现象，是一种 "与主谈条件" 的功利宗教实践，类似于农民在寺庙烧香拜佛的"许愿-还愿"行为。尽管，执事长曾多次劝诫每位信徒改变"与主谈条件"的事神方式，不论个人祈福如愿与否，都要相信神的安排。然而，受制于现实生活中的诸多患难和风险，灵验倾向始终支配着很多农村基督徒的宗教情感，很多信徒成为"灵验型"基督徒。对于灵验的追求契合了农民实用主义的信仰心理倾向，农民的这种宗教意识并没有因他们皈依基督教而发生实质性的变化，反倒是按照这种意识，本着传统的宗教期望做出了信仰选择（曹荣，2012），他们的信仰距离纯粹的信仰之路还有长远的距离，因为，他们更多地关注信仰为自己所带来的现世回报，而不是个人救赎、灵魂得救这样的神圣归宿。很多信徒在信仰基督教之后，如果基督教的意义系统为他们之后的人生经历提供了令他们满意的解释，那么这一意义系统就会无形中在他们心中得到巩固和强化，基督教的活动逐步成为他们制度化的实践（李华伟，2008）。

在农村"看病难、看病贵"的背景下，农民往往是在自己或家人身患重病，通过正式的医疗制度难以医治或医疗费用过高超过所能承受的极限，生命安全受到威胁的情况下，抱着"试一试"的心态，受熟人"信主治病"的宣传和动员而加入基督教的。受民间信仰的影响，农民在开始接触基督教时，只是将耶稣视为与佛、菩萨、神仙类似的神，或者是能力更高的神，因为佛、菩萨、神仙都是掌管一方的神，而耶稣是"掌管宇宙的全能的神"。在经过一段时间"神医结合"的仪式性治疗之后，如果疾病减轻或治愈，农民认为耶稣真的很"灵验"，他（她）就会成为基督徒，并将"疾病"作为耶稣拣选的理由；信徒疾病痊愈后认为"耶稣治百病、祛万灾"的行为则会成为教会的异端。如果疾病没有得到医治，而村民却从参与仪式活动中获得其他启发，仍然会成为信徒。如果疾病没有医治，也未享受参与宗教活动的乐趣，则会

---

24 在访谈时，有信徒告诉我，"神用各种方式把信徒带到他的教会里，随着时间的流逝和灵命的成长，信仰会成熟起来"。换句话来说，信仰的动机与信仰后的行为之间有联系，但是没有必然的联系。

离开教会，并成为反面教材。此外，还有村民在信主多年之后，放弃基督信仰重新回归烧香磕头的传统。这是因为，很多中国人在宗教信仰中并不追求超脱，而是追求现实的幸福，解决现实的苦难与问题，灵验是他们对神明的最主要的期盼（甘满堂，2010）。

　　农村因病入教现象的发生与基督教适应和改造中国传统文化的本土化实践存在紧密联系，显然宣传信耶稣能治病吸引农民入教就是一个具体表现方面。在乡村基督徒看来，人有病是因为犯了罪，被魔鬼诱惑，只有向耶稣祷告认罪，并经过神医结合的医治方式，疾病的减轻和痊愈才有可能。这种基督教与地方知识的结合，也可能逐渐成为地方习俗和传统的一部分，为更多人认同。因为，在那些已经皈依的基督徒观念中，"疾病"、"苦难"、"贫穷"被赋予新的意义，成为神拣选他们的方式。农村因病入教现象的发生同时与农村宗教生态失衡存在难以割裂的联系。在农村地区，传统宗教或信仰被很多村民视为"封建迷信"，地方寺庙和神祇在经历文革的破坏之后多数处于被废状态，少有修复。改革开放后，由于传统宗教恢复缓慢，难以满足村民的需求，基督教的祈祷治病就成了许多贫困村民的选择（段琦，2010）。然而，"信主不会生病"、"耶稣治百病、祛万灾"等话语的流传实际上放大了信仰基督教为个人带来的改变，并存在异化教义的风险，其可能对村民的疾病医治产生的不利影响值得我们继续关注。

第四章　会遇基督教

> 宗教现象可以自然而然地分为两个基本范畴：仪式和信仰。信仰
> 是舆论的状态，是由各种表现构成的；仪式则是某些明确的行为方式。
>
> ——涂尔干（2006a：33）

对宗教而言，仪式构成其最重要的内容之一。正如赵旭东（2009：212）所言，宗教是依靠仪式来得到展示的，没有仪式的宗教几乎是不可能想象的。宗教皈信者通过一系列的宗教行为维系着自己对于信仰的理解。宗教行为（也称宗教实践），是宗教信仰者内在的宗教体验和宗教观念通过外在的身体动作和语言的表现（吕大吉，1998），其重要性在于假定，"通过这些实践，人们更新或加深了与超越的神性实在的关系"（约翰·希克，2003：18）。对乡村基督徒来说，他们更喜欢用"宗教活动"一词来表达，简单而言，就是信徒参与的各种宗教仪式活动，既包括群体敬拜和学习，例如主日崇拜[1]、聚会点[2]活动、查经班、祷告会、奋兴会、门徒培训会、圣经培训学校、音乐培训等，也包括个人灵修[3]，例如读经、赞美、听道[4]、默想、祷告等。在乡村教会，

1　宗教奉献，是宗教实践的一个重要组成部分，本部分将其作为主日敬拜活动的一部分，修建教堂或探访病人的其他特殊宗教奉献则会单独讨论。

2　聚会点是教会的分殖部分，不论是城市教会，还是乡村教会，都由一个个具体的聚会点构成。举例而言，基督教北京市海淀堂便管辖23个聚会点，这些聚会点都向宗教局相关部门登记注册。

3　灵修，按字面意思理解，就是"修养灵性"，是基督徒修习灵性生命的意思。灵修是作为个体的基督徒为自己预备一段安静的时间，专门独自与天父灵交，藉着赞美、读经、默想和祷告与天父有亲密的属灵相交。

4　有时信徒也会通过收音机、圣经播放器或相关基督教视频等学习圣经知识。从2011年开始，圣经播放器开始取代传统的收音机

信徒的宗教活动主要是周日在教堂做"礼拜"和周三周五的聚会点"聚会"。如果缺少宗教活动的参与，信教本身也便无从说起。正如科亨（2009：16）所言：

> "宗教要求人在每天、每周或每年固定的时间用于祈祷。放弃了对神的义务，一个人就可能会无所顾忌地沉湎于追逐世俗生活，而远离进一步的宗教关切和宗教顾忌。神圣的东西就会脱离世俗的东西，上帝之国就会与世俗世界没有任何联系。因此，在某些情况下，仪礼的约束对不道德的肮脏生活几乎不会起到任何作用。"

主日敬拜是基督教最重要的崇拜活动，内容包括祈祷、读经、唱诗、讲道、祝福等，一般星期日上午在教堂举行，由牧师或长老主礼。然而，当代中国农村教会普遍面临圣职人员缺乏的困境，所以一般由推举的一位信徒主领（梁家麟，1998：156）。若在信徒家中举行且由家庭成员参加的礼拜活动称为家庭聚会[5]。因为受教育水平有限，乡村基督徒在阅读和理解《圣经》方面存在很多困难，他们的宗教生活最终呈现"以场所为中心"（李向平，2007）的特点。[6]

4.1 主日敬拜：以教堂活动为中心

我刚到平安县进行调研时，便询问村民如何才能识别出一个人是否信教呢？他们的一个回答特别有意思，"每个礼拜天早晨你看到老太太挎个小书包一起往村外走，你问她们去干啥，她们会告诉你到礼拜堂聚会。"我当时并没有怎么当回事儿，后来才了解他们的话里有多层意思，信主的人多数都是老太太；她们平时活动很少，星期天才会进行活动；一般而言都是几个人一起前往；"挎着小书包"已经成为他们教徒身份的外在标签。在这句话中，礼拜堂，是乡村基督徒对教堂的地方性表达；聚会，是他们参与教会组织活动的统称，星期天敬拜、圣诞节庆祝、奋兴会培灵，都被称为聚会。为了更好地了解他们的宗教生活，下文我们将会详细介绍教堂活动的整个仪式过程，内容从基督徒从家出发开始，在教会参加活动离开教堂结束。

---

5 关于家庭聚会，既包括通俗意义上的家庭教会组织的宗教活动，也包括三自教会下属聚会点组织的宗教活动（在平安县，绝大多数聚会点都没有向政府登记）。

6 尽管在实地调查过程中，也先后有信徒告知我他们过去曾经通过收音机、影碟机来获取宗教知识，但人数相对较少，因此不作为本部分主要内容。

对基督徒而言，主日崇拜有着特别重要的意义。据《圣经·新约》记载，耶稣在安息日的前一天（即星期五）被钉死在十字架上，死后第三天（即星期日）复活，基督教把星期日称为主日，并在此日举行礼拜。在不同地区的不同教会，主日礼拜活动的日程安排存在些许差异，有的教会还会选择安息日下午（星期六）礼拜，但是祷告、唱诗、证道、捐献、读经、见证等都是具体的活动表现形式。经过多年发展之后，陈村教会已经形成了固定的主日崇拜时间表（见表4-1）。

表4-1　主日敬拜时间表

事　项	时　间	参与人员
祷告唱诗	7：30-8：00	信徒
教诗	8：00-8：40	教诗人、信徒
作见证	8：40-9：00	主礼人、信徒
读经	9：00-9：10	读经人
献诗	9：10-9：20	唱诗班
代祷	9：20-9：30	主礼人、信徒
听道	9：30-10：30	传道人、信徒
散礼拜	10：30	信徒
会计核算	10：30-10：40	会计、保管、基督会计

注：参与人员为我根据教会活动情况整理总结

陈村教会的主日活动时间表张贴在教堂最醒目的位置，在"以马内利"和"十"字架的右下角，以此凸显出其在教会位置的重要性。从主日敬拜时间表可以看出，完整仪式包括个人祷告、唱诗、见证、读经、唱诗班献诗、听道，[7]在所有活动中，教诗和唱诗时间最长[8]，经常超过一个小时。

7　在诗歌方面，城市教会和乡村教会之间存在明显的差异。在城市教会，唱诗贯穿于整个教会活动的过程中，"通常先教新诗歌，在念经文时唱和经文相关的诗歌，最后唱回应证道内容的诗歌，结束时唱感恩或欢迎新朋友的诗歌"，换句话来说，诗歌的内容与教会的活动是相互契合的。而在乡村教会，唱诗和教会的活动之间并没有过多的交集，似乎是相对分离的。

8　唱诗班的献诗也作为唱诗的一个部分。

4.1.1 往来教会

　　每逢周日，陈村教会都有 100 多位信徒从周围 12 个村庄前往教堂参加礼拜。[9]这些信徒都来自陈村周边村庄，距离陈村较近，即便选择步行的方式从家前往教堂，也最多需要一个小时左右。在过去，很多信徒因为不会骑自行车，都会选择步行的方式，然而近年来伴随电动车和电动三轮车的普及，信徒往返教会的形式逐渐发生了改变，往返的时间也大为缩短了。

　　在访谈中，多位老教徒分享了过去从家到教会的经历。当时每个村庄的教徒一般都会相约某个时间或者相互之间"喊一下"[10]，然后一起步行从家到教会，礼拜结束后再一起步行从教会回家，一路有说有笑，彼此分享。李红给我讲述了自己从过去到现在往返于家与教会之间路程到教会的故事：

> "我是 1995 年信主的。当时教会的人没有现在多，骑自行车的人很少，大家都是从家走着去教会。我们村只有八九个人信主，每次聚会大家都是互相喊一下，然后一起从村里去教会，礼拜散场以后再一起从教会回家。大概 2004 年的时候我学会了骑自行车，有的时候走路去，有的时候骑车去。这两年，大家都是自己去教会，骑车的人多，走路的人少了。这样也有好处，可以依着自己的时间，不过也有坏处，有时候偷懒不去教会也没个人监督了。"

　　李红的故事具有普遍性。在教会，我发现今天人们更多地会选择自己单独从家出发去教会，或者邻里、亲戚之间一起出发，过去一群人步行的现象已不多见。教徒去往教堂的方式多种多样，包括步行、自行车、摩托车、摩托三轮车、电动三轮车等，但是陈村教会几乎没人开车去教会。[11]以 2012 年 7 月 29 日主日为例，参与礼拜的信徒共有 107 人，停放的交通工具包括：自行车 7 辆、三轮车 11 辆、电动车 16 辆、电动三轮车 12 辆。[12]老年人多数会选择步行去教会，也有的由子女或老伴通过电动车或电动三轮车接送。在多年参与教会活动

9　参与主日敬拜信徒数量在农忙农闲时节有明显差异，圣诞节和春节人数最多，人数一般在 300 人左右，冬季人数较多，一般能到 120 人以上，6 月、9 月和 10 月人数较少，只有七八十人，最少时仅有三四十人。

10　在调研地区，尽管手机已经非常普及，但是村民之间有事到家门口喊一声的习俗并未改变。

11　我还曾参与平安县其他教会的活动，发现即使是县城教会，多数信徒也都以电动车、自行车为主，开车的信徒人数较少。

12　记录时间为 2012 年 7 月 29 日上午 9：30。

后，每个人从家出发的时间相对而言都是确定的，因此也有聚会点信徒一起从本村出发的情况。举例来说，赵村的张涛每次出发时都会骑电动三轮车带着本村的两三位年老的信徒一起到教会，在教会活动结束后，再送他们回家。

相比教徒来教堂的时间，他们离开教会的时间是固定的。所以，我们经常可以看到有步行来教会的老人乘坐教友的三轮车回去。然而，对于那些已经年过八十的老信徒来说，一般而言，在没有亲戚关系的情况下，教友们并不敢冒昧地送他们回去，因为他们始终担心"如果在此期间出现了什么闪失，我们也不知道到时候应该怎么办。"我们从他们的表述中便可以看出，对这些乡村基督徒来说，即使在已经多年参与教会活动后，其做出行为选择时仍然会首先考虑是否会对自己带来不利影响，即使是面对与自己朝夕相处的教友时，很多信徒也会如此。

4.1.2 个人祷告

信徒到教会后的第一件事情便是个人祷告，感谢救主耶稣赦免自己一切的罪，以及从神而来的平安和恩典，祈求耶稣赐给自己鲜活的生命，保守自己和家人的平安，赐福给陈村教会，使陈村教会可以发展壮大，并赐福教会的每一个弟兄姊妹，让他们可以蒙恩惠，得盼望。祷告的核心要素是祈求和感谢，而其具体形式则涉及祈求、忏悔、表白、崇拜、发愿、灵交（戴康生，2008：78）。祷告没有一定的形式，可以出声祷告，也可以在心里默祷；可以使用一定的祷文，也可以不用固定的祷文；可以跪着祷告，也可以站着或坐着祷告；可以在清晨或晚上定时祷告；也可以随时随地不住地祷告[13]。正如韩彼得（1988：15）所言"祷告是对上帝的祈求、感谢和赞美。人可以将自己的打算、碰到的困难和问题以及一切心事都告诉上帝，为自己和亲人、教会、国家和世界的平安幸福向上帝献上祈求与感谢。"

在田野工作中，我每次很早便来到教会，以此观察信徒在教会的宗教行为呈现。[14]个人祷告，是一种个人与神（上帝）诉说的方式，经过这样的一个

---

13 "不住的祷告；凡事谢恩。因为这是神在基督耶稣里向你们所定的旨意。"《新约·撒贴罗尼迦前书》5：17-18.

14 一般而言，带功利性目的观察他人祷告行为是一种有悖于伦理的行为，但基于研究需要，在向访谈对象表明自己研究身份和研究目的后，教友们并不会因为我的在场而改变自己的宗教行为方式，而且在教堂内作为一名无声的完全的参与观察者，我并不会对信徒们产生不良的影响。

阶段，个人被认为与主对话，是在走近主，主会保守个人脱离现实的苦难。在主日礼拜，从信徒个人祷告的姿势来看，五分之四左右的信徒会采取跪拜形式祷告；五分之一左右的信徒会采取站立形式向主祷告。从祷告场所来看，三分之二左右的信徒在副堂祷告，三分之一的信徒则在正殿自己座位处祷告。当然，祷告时，以默祷形式祷告的信徒数量比较少，他们多数刚刚皈依基督教，用一位信徒的话来说，"刚刚才信主的，还没学会如何祷告"，大部分信徒都会采取出声的形式。然而，从他们的祷告词中，我们发现，乡村基督徒的祷告更多地偏向于"祈求"，"赞美"的内容相对较少。

一般而言，教务组成员（执事）、聚会点小组长、唱诗班成员都会用更长时间来进行祷告。祷告，从神圣视角来看，是信徒与神的对话，其中仍然隐含着诸多世俗愿景。在陈村教会，这样的世俗愿景包括自己或家人身体健康、外出家人出入平安、子女（孙子女）学习成绩优秀、儿女的婚姻顺利、庄稼丰收、教会吸纳新人加入并不断壮大，等等。当然，主日礼拜也会有信徒因个人或家庭遭遇突发性事件而求主保守，可以让自己获得恩典。例如家人在遭遇交通事故时的身体康复和钱财赔偿，家人在遭遇婚姻危机或家庭冲突时的调解，家人在遭遇社会冲突时的保守，自己或家人在更换住房时的适应，等等。信徒们经常援引经文"我又告诉你们，你们祈求就给你们。寻找就寻见。叩门就给你们开门。"[15]

集体祷告，是周日聚礼的高潮部分，也是礼拜期间群体情感得到集中表达的时间。主礼人用一种较高的声音引领信徒祷告，因为使用扩音器的缘故，她声音相对会比较高。下面是赵丽娟在主礼时祷告：

> "我们要为国家献上祷告，盼望我们伟大的国家繁荣昌盛，不畏惧日本、美国的挑战；为当官的人祷告，盼望着他们可以体恤百姓的疾苦，为老百姓做实实在在的好事；为教会祷告，盼望着福音可以传给更多的人，让更多的人得着平安，吸纳更多的新人加入教会；为聚会点祷告，盼望着聚会点的弟兄姊妹和家人身体健康，出入平安，家庭和睦，也盼望聚会点可以不断壮大，在村庄的发展中扮演更重要的角色；为那些彷徨在教会边缘的信徒祷告，他们因为各种世俗的原因内心软弱了，他们开始受到撒旦魔鬼和邪灵的诱惑和攻击，他们不再坚守主给他们预备的道路，盼望着他们可以早一

---

15 《新约·马太福音》7：7-8.

点回到教会，为主做工；为生病的弟兄姊妹和家人祷告，盼望着主
神奇的大能可以在他们身上彰显，也盼望着他们可以早日恢复健康；
盼望着自己的家庭可以领受主的恩典，家人出也平安入也平安，盼
望着子女健康成长，感谢主赐给自己的一切，感谢主让自己在劳累
的时候没有垮下来……"

对执事来说，她们已经非常熟悉祷告仪式和过程，而且对于祷告意涵有
更深刻的理解。在访谈时，张蕾谈及了自己对于祷告的看法：

"祷告就是要赞美主，祷告也是向主祈求。但是需要靠着信心
祷告，因为没有信心的祷告是什么都得不着的。祷告，也不能单单
为了自己，要给我们的国家祷告，因为教会的每一个弟兄姊妹都爱
国；教会要为当官掌权的人祷告，因为圣经上说，当官掌权的人都
是主的拣选，应该顺服他们的旨意；要为教会、聚会点和弟兄姊妹
们祷告，因为教会就是一个大家庭，聚会点就是一个小家庭，弟兄
姊妹都是自己的家人，要关心家庭的发展，也要关注每个姊妹的个
人情况；最后才是为自己和家人祷告，因为主是信实的，谦卑的，
所以要先爱人，最后再爱己。"

4.1.3 唱赞美诗

唱赞美诗是一个非常重要的时刻，正是在这一时刻，基督徒表达着自己
对于神（上帝）的赞美，歌词的内容也包含着信徒对于上帝的称颂、感谢和
祈求。简单而言，"赞美诗"就是"基督教宗教歌曲"的概称。赞美诗，是用
于公共崇拜的诗歌，也是公共崇拜的一部分，与祈祷、证道等共同组成礼拜
内容。唱诗是赞美神、与神交通的行动，信徒在唱诗时最能体会团契的氛围，
表达庆祝情怀，似乎比其它礼仪更加活泼，在形式上更有内涵（周志治，2012）。
在农村教会，主日敬拜活动一般都会持续两个小时甚至更长，[16]其中唱诗时间
一般都会占到三分之一左右，甚至二分之一。

在陈村教会，主日早晨 7 点半教会已经开门，教友们在祷告之后就开始
一起唱诗，八点正式开始教诗，唱诗在教会活动中的时间非常长。在聚会点，
唱诗更是最主要的活动，按照聚会点活动每次一个半小时来算，每次唱诗时
间都在一个小时左右。于是，教赞美诗和唱赞美诗，成为教会最为重要的活

---

16 以我曾经参与观察的教会而言，最少的也有两个小时。

动和最能引吸引农村信徒的活动。从某种意义上来讲，唱诗在乡村教会宗教活动中的意义甚至是最重大的。正如陈泽民牧师（2007）所言，"唱诗是教会生活中最为关键的部分，它最有说服力地表明福音的文化融入之可能性、必要性、可取性和多样性。它之所以关键，原因在于它能够抓住会众的心灵。"对于公共文化普遍衰落的河南东部农村来说，在主日礼拜参与基督教会的唱诗活动是信徒最为重要的"娱乐活动"。而在村民的印象中，信主与烧香的最主要区别就是，"信主的人会一起聚会唱歌，烧香的人都是一个人去烧香"；"信主就是一种娱乐活动，大伙儿聚在一起唱唱歌，开开心"。当然，我们从非教徒的表述中，也可以间接地看出唱诗活动在信徒生活中的重要地位，并且兼具有文化娱乐活动的特点。

与城市教会不同，农村基督徒受教育水平普遍较低，他们在阅读和理解圣经方面存在困难，因此赞美诗（灵诗）成为他们获取宗教知识的重要来源。不论是在教会，还是在信徒家，我们都可以看到很多教徒的笔记本，这些笔记本记录的大部分内容都是他们在参与主日礼拜或者奋兴会时所抄录的灵诗。在传道人讲道时将其核心观点记录下来的人并不多见，将每日阅读圣经时的理解记录下来的信徒更不多见，记录个人与主的境遇的信徒也不多见。这从一个侧面可以看出，灵诗在其宗教生活中所蕴含的意义较之其他的活动影响更大。在陈村教会，信徒所唱的灵诗主要是《新编赞美诗 400 首》、《迦南诗》[17]，其他则主要是参与福音会时所抄录的歌词或一些地方性灵诗。

陈村教会有专门的唱诗班，但是成立时间还不长，诗班成员主要由教会积极信众组成，现在人数在 20 人左右，主要采用信徒自己报名的方式，唯一的要求便是已经受洗，除此之外并没有其他要求。[18]唱诗班的主要目的是负责教会礼拜日的崇拜唱诗及带领敬拜，而在陈村教会，每次传道人在讲道之前

---

17 《迦南诗选》的作者是家庭教会的吕小敏，她出生于河南省南阳市方城县，自幼家境贫寒，也从来没受过音乐训练，尽管许多海外的音乐家都认为她是音乐天才，希望给她出国深造的机会。但是她宁可留在中国传道，并认为那是给她灵感的土地，神的呼召更是她创作的泉源。截止 2013 年底，《迦南诗选》已经有 1500 余首，这些歌已大江南北海内外传唱开来。受中国地方戏曲与小调的影响，《迦南诗选》有豫剧的曲风。在陈村教会，平信徒并不知道小敏的经历，只知道该诗选都是小敏创作。

18 在城市教会，唱诗班成员一般需要有相关的音乐基础，并会由专门的音乐老师进行培训，之后才可能成为唱诗班正式成员。

都会有唱诗班的信徒献诗。唱诗班在教会有举足轻重的地位，其地位仅次于教务组，是教会直接领导的一个义工团体，对教会各项事工都能产生作用。当然，在陈村教会，教务组成员同时也是唱诗班的成员，唱诗班并不只是一个仪式中的一个摆设，还是培养教会核心成员的重要场所。在经过多日观察之后，我发现很多聚会点的小组长都是唱诗班成员。唱诗班，成为一个凝聚和整合教会的场域，其成员的成长在一定程度上代表了教会的成长。

在不同教会，唱赞美诗的形式存在很大差异，其共同形式是在领诗人带领下一起歌唱。在陈村教会，唱诗和祷告之间是相互分离的，只是在集体祷告结束时会唱《圣灵降临歌》。但是在北京盼望教会，唱诗与祷告之间是完美结合的。信徒在集体唱诗之后，便会有相应主题的祷告，而教诗人也引领祷告。[19]这样一种调和的方式，使唱诗和祷告不再显得相互分离，两者之间也没有明显的界限。陈村教会的教诗人，一共有六个人，她们中只有两人曾在两会的资助下分别接受了三个月和六个月的音乐集中培训，其他人则只是断断续续地在县两会支持下接受了短期的训练。

从人口学特征来看，农村信徒构成毫无疑问呈现妇女多、老人多、受教育水平低的特征，而且在农村青壮年劳动力城乡转移普遍的现状下，这一现象将会长期存在。所以，尽管讲道是教会敬拜的重要活动，但对农村老年信徒却缺少吸引力。这并不是说传道人讲得不好，而是因为对这些老信徒来说，他们已经很难记住传道人在教会所讲的内容。与此同时，教会很多讲道的内容与他们的日常生活距离较远，所以并不十分关注《圣经》的内容，也不关注教会的历史，更不会花时间学习基督教知识并与别人辩论。相反，他们所记忆的很多基督教知识，都直接源于诗歌，在无数次的重复过程中，逐渐记住了一些相关内容。与相对枯燥乏味的听道相比，唱诗显得更有意义。在乡村教会，唱诗班的成立彰示着教会进入一个新的阶段。因此，我们认为，在农村教会的宗教仪式活动中，唱赞美诗占据着非常重要的地位，并且成为教会维系的重要原因，相反宗教知识的学习或主日证道内容并没有预期的那么重要。

---

19 起初我以为领诗人是按着圣灵的感动，其祷告的内容都是提前记熟的，后来才发现其实领诗人的祷告内容已经提前准备好并已经打印出来，放在提词板上朗读即可。这打消了我的一个疑问，因为起初我发现她们每次的祷告都是几乎完美的，中间完全没有重复的内容。此后，盼望教会的教友告诉我，"领诗时候的祷告也有即兴的。有题板提前准备，是防范紧张。因为我们相信，无论怎样的预备形式，都是从圣灵的感动中来的。神都是允许的。"

4.1.4 见证神迹

高师宁（2011）指出，"在中国城市与农村，民众感知基督教的途径有所不同。在城市，人们感知基督教的途径主要源于基督徒个体的行为，而在农村，基督徒信仰奇迹的力量是广大民众了解、感知和接受基督教的首要源泉。"换句话来说，神迹见证对乡村基督徒的宗教认知有显著的影响。见证是基督徒个人亲身经历人生的困境和神的救恩时，受内心感动而为主所做的工。在乡村教会，见证本身经历了一个变迁的过程，已经从早期的丢失鸡鸭后的见证发展到疾病的治愈、家庭关系的和睦、事业的顺利等等，而且一般而言，作见证的信徒都需要在参与教会的礼拜活动之后给主发光[20]。

对基督徒来说，相信神迹是他们信仰生活的一部分，然而基督教信仰本身并不是神迹。对于乡村基督教徒来说，他们多数都是在引领神的恩典，在获得基督的神迹之后才真正走进基督教信仰。基督徒可以通过神迹了解上帝的能力和神性启示，加深个人对上帝的信靠，通过神迹显明上帝的主权与超能，证明上帝的真实，作见证是基督徒宗教生活的一种形式，也是信仰在生活中得以印证的一种方式。对于乡村基督徒来说，他们传教的方式更多地依赖于见证，"病得医治"是信徒所做最多的见证。很多人就是在他人多次对于耶稣见证的基础上来到教会，并开始接触基督教的。[21]

在陈村教会，主日崇拜专门开辟 20 分钟时间让信徒为主作见证。与日常生活中见证一词的含义存在差异，教堂内部的见证具有绝对的宗教意涵，这些见证并非仅限于信徒亲眼所见的事实，也包括他们以信仰的眼光所感悟的事实。见证的方式，并不仅限于语言表达（以言作证），且包含以具体的行动（以身作证），来证实信仰的真理。以 2012 年 8 月 5 日为例，主礼人赵丽娟在圣台上说：

> "在教堂里面唱赞美诗，弟兄姊妹们都学会了没有啊？感谢主，
> 荣耀归主，我们接受主的恩典，就要给主作见证，彰显主的大能，
> 就需要我们勇敢地站起来，现在有没有人作见证啊？"

一位 70 多岁的老信徒勇敢地站起来进行见证，只是她说话声音比较小，所以她说的很多话其他信徒都听不见，接着便有信徒说，"你说话声音大点儿，我们都听不见"。当时执事进行了很好的回应：

---

20 基督教本土化的表现形式之一，信徒捐款的地方性表述。

21 在调查过程中，当我在访谈信徒对于某件事情的看法时，经常会有基督徒告知我说，"我给你做一个见证"。

　　"当一个人在主耶稣面前做见证的时候，即便她的声音并不高，她的表达能力有限，但是我们都不应该笑话他，因为她还是勇敢地站了起来，说明她内心很虔诚。但是，在做见证的时候，我们不能只讲一些家常的琐事，应该更多地讲一些关于神的道，讲家常事不好，讲主的事情才好。其实，原本上帝为我们预备了两条路，看我们选择哪条路了。其他弟兄姊妹不要说话，认真听这位老姊妹的见证。"

老人再一次鼓起勇气，用稍微大一些的声音说：

　　"我们家本来有一个孙子，我就想着，如果再有一个孙女就好了，感谢主，儿媳妇上个星期刚刚增添了一个孙女儿。荣耀归给主。所以，我来发光作见证。以前，我从来没有在这么多人面前说过话，以前害怕得很，后来想着，在主面前做见证，是主的恩典，所以不需要害怕的。"

紧接着，又有一位 50 多岁的女信徒站起来做见证：

　　"前段时间，我自己感冒了，我就想着，是不是不用求主，也不要去看医生，就躺在被窝里睡觉。我以为身上出点儿汗就好了，但是过了三天身体还是没有好。后来我想着可能是我的信心不够，于是便每天虔心祷告，后来身体就好了，这些都是主的恩典，所以我要给主发光做见证。"

执事赵丽娟又说：

　　"还有没有人想做见证？你们不要在下面说话，这里是圣殿，是神圣的地方，你们说话，就听不到姊妹作见证啦。我们都是在荣耀主，你们不要在下面悄悄说话，不要几个人在一起，看看刚刚那个姊妹做见证我就没有听到。给主做见证，便是把生活中的一些奇妙的事情和主倾述。神的话语，便是神的祈求。在教堂里面说话的时候，便是连主的荣耀都不听了呢。我们需要敬拜神的灵，我们要虔诚地向主祷告，需要给主做见证。所以，有弟兄姊妹见证的时候，圣殿需要保持安静。"

　　一个信徒做了长时间的见证，而且因为妹妹做手术的事情。她自己前后奔走、借钱，并且在医院长时间照看，并最终让妹妹信主。我们来看她的见证：

"我的妹妹生病了，还去医院做了手术，其实，在前段时间，她在心里也相信主，但是她并不会自己去教堂进行祷告。其实，这是主在借助疾病来拣选她。因为一开始她丈夫就不让她去教堂，因为小孩需要上学，家里需要做饭，但是其实去教堂做礼拜并不会影响家里的事情，只是他们不知道而已。这次，主借助疾病来拣选她，她在经历很长时间的痛苦之后，终于接受了主的恩典。妹妹在做手术的时候，疼得很，就是止不住，而且缝了九针。当时我就给妹妹进行祷告，并且替代她发光，做见证。后来，她受主的恩典，疾病终于痊愈了。神让你八分，剩下的两分需要自己选。相信，就能得着的。感谢主。"

还有一位信徒做了关于女儿上学的见证：

"女儿刚刚上小学的时候，成绩不怎么好的。在小学一年级之后，老师说女儿的年龄比较小，还不够上小学的年龄，所以便让女儿退了一班，继续小学一年级。此后，女儿成绩便开始进步，现在一般都可以考进班级的前五名。四年级时，女儿去县城的小学上了三天学，刚刚交了一学期的学费600元，在三天之后，女儿就哭着闹着说想家，吃不惯学校的饭菜，也住不习惯在学校，所以后来便回家了。感谢主，我们和学校的老师说了很长时间的话，最后学校的老师只扣了100元钱，便把剩下的钱还给我们了，退回来500块钱，感谢主，荣耀归上帝。"

田野工作期间，几乎每一位信徒都曾告知我他们曾经做过见证，起初似乎也很害怕，但是想着是在为主做工，他们便逐渐消除了在他人面前说话的恐惧，并且勇敢地用见证的方式表达自己的信仰。当然，很多基督徒在做见证时，他们最后都会说，"我要给主发光"，似乎有一些"和主交易的意思"，我们从另一个方面来看，也有点儿有相对功利性的色彩，是一种兼具灵验与拯救特点的宗教行为。

4.1.5 证道听道

证道，就是圣职人员（牧师、长老或传道人）以圣经为依据，以讲道主题为中心。这"道"[22]指的是圣经上的"话"，也用来指"耶稣"或"上

---

22 道，希腊语 logos，中文翻译为"逻各斯"。

帝"。[23]证道，按其字面意思进行理解便是讲明圣经的话就是真理，圣经的话没有虚言。在《新约·马太福音》中，耶稣说"就是到天地要废去，律法的一点一画也不能废掉，都要成全"[24]。《新约·约翰福音》中，耶稣说"我就是道路、真理、生命"。[25]在城市教会，主日证道部分始终作为宗教仪式最为重要的部分。我在北京盼望教会参与活动时，经常可以看到很多基督徒拿着笔记本记录当天讲道的主要内容，在讲道结束之后可以回忆起当天的证道内容。然而，在农村教会，这种情形并不多见。在实地调查期间，我经常可以看到有信徒在教堂听道时在打呼噜甚至睡觉。[26]当我第一次看到这种现象时，还比较惊奇，因为在教堂这样神圣的地方，信徒所做的原本应该是敬拜上帝。当讲道人在圣台上将预备了多天的"道"讲出来的时候，她理所当然期望对每一位信徒有用。然而，事实却并非如此，很多教徒都表示因为年岁大了，难以记住主日证道的内容。

在乡村教会，我们有时候会看见小孩在教堂里乱跑，还有小孩会在外面玩耍，偶尔还会吵吵闹闹。在教会发展的初级阶段，乡村教会根本没有能力为小朋友开办儿童主日学。[27]在教堂，有些老人会带着孙子（女）前来，虽然一般而言，小孩子不被允许在教堂里乱说话乱跑动，但是在小孩难以留在家里的情况下，他们显然不能因为去教堂做礼拜的关系，而将小孩托付给其他人，所以这种现象的出现，也就变得理所当然。在研究社区，很多儿童都由爷爷奶奶隔代监护。隔代监护是指父母外出后，由祖辈（爷爷奶奶/姥爷姥姥）来抚养留守儿童的监护方式（叶敬忠，王伊欢，2006）。对于孙辈的监护和照顾，让很多老年信徒处于尴尬的境地，他们要么在家照看孙辈，不去聚会；要么带着孙辈去教会聚会，却难以保证小孩不乱跑乱闹。其实，对信徒来讲，

---

23 例如"太初有道，道与神同在，道就是神"《新约·约翰福音》1：1.

24 《新约·马太福音》5：18.

25 《新约·约翰福音》14：6.

26 在教会打呼噜睡觉的现象在城市教会同样存在。

27 儿童主日学，一般是指每个星期日教会针对少年儿童关于《圣经》的学习活动，教学内容包括赞美诗歌教唱、音乐绘画辅导、圣经诵读、圣经金句背诵、基督教教义和道德准则规范教导。在北京盼望教会，儿童主日学的教师由教会义工完成，她们都信教多年，且拥有本科以上学历（有的拥有博士学历）。但是，对于乡村教会而言，因为教会缺乏资金、信徒宗教知识和培训技能有限、儿童年龄差距大等原因，很多乡村教会都没有主日学。在平安县，除去张村教会有儿童主日学之外，其余乡村教会都没有开办儿童主日学。

带着小孩去教会参加礼拜，总是难以聚精会神听道，因为小孩的事情经常让他们分神。我们来看曹莎莎的故事：

> 她是一位刚刚信主的基督徒，小儿子在郑州打工，将 8 岁的女儿和 5 岁的儿子留在家里，两个孩子平时在家都吵得不可开交。在教堂里面，他们会不间断地吃东西，偶尔还会哭着吵着。曹莎莎不得不在听道、唱诗的时候同时想着她的两个小宝贝，在小孩哭的时候，她还需要把他们带到教堂外面，哄着开心。于是，她把主要的时间都用在了照看小孩上面，并没有太多的精力去敬拜。

我们以 2012 年 7 月 21 日到 8 月 20 日为例，来看教会开展活动期间，信徒人数与小孩人数的比较。之所以选择这段时间，其实理由比较简单，这是完整的一个月，而且在此期间，孟村教会和陈村教会举办了福音会，为我们提供了观察信徒与小孩互动的场域。在此期间，一共有 5 次主日敬拜活动，参与人数平均为 107 人，小孩人数平均为 14 人；两个教会奋兴会一共 7 天，每天平均参与人数为 148 人，小孩平均为 19 人。在孟村教会参加礼拜时，教堂外面有一个大坑，因为下雨的缘故坑里面都是水，小组长需要时常都在外面观察，希望不要有小孩子因为贪玩而出事儿。在神圣的教堂外面，有很多小孩在开心地嬉戏，他们并不关心其他事情，而是在维持着自己的简单的快乐。于是，比较有意思的事情，便是教堂的外围客观上为小孩提供了一个玩耍的场地。

在陈村教会，带着小孩来教会并不是一件被鼓励的事情，而在张村教会，因为信徒人数众多，而且有儿童主日学，教务组组长在教堂门口守着，遇见每一个带着小孩的信徒都让他们送小孩到儿童主日学校，如果实在执拗不过，则会告诉他们，你们去教会后面，如果期间发生什么事情，你们可以带着小孩出去，这样就不会影响到其他人。

在访谈中，有信徒告诉我：

> "儿媳妇都出去打工了，几个小孩都在嗷嗷叫，洗衣、做饭、送小孩上学，都得自己一个人去弄，你说我怎么去做礼拜，只能在家种地看小孩。现在有的老姊妹在家看孙子，不来参加聚会，也不能认为他们就不信。现在的媳妇儿可享福，不想照看小孩，小孩都是我们这些老人照看着。"

　　"教会里面说，不要叫小孩去教会，小孩又哭又闹。俺孙子不
　　让我去，他光是哭，叫唤，可俺心里琢磨着，很长时间不去教会，
　　很多东西就忘记了。我就带着孙子在后面坐着，他哭的时候就带他
　　出去。"

　　现在每个教堂都有老人带着小孩去教堂的现象发生，有的小孩比较听话，
就会乖乖地坐着，有的小孩不怎么听话，他们就会乱跑，而有的小孩还会胡
乱说话，扰乱了原本清净的教堂的圣洁。与此同时，陈村教会下属的每个聚
会点，都会有基督徒因为孙子、孙女出生的缘故而留在家里照顾孙辈，长久
不去教会参加礼拜，或者只是偶然才会去教会参加礼拜，他们逐渐成为教会
的边缘人。但是，当我们在进行访谈的时候，他们又会告知我自己还在信主，
并且认为"只要心中有主就妥了，在家听听《圣经》也一样"。[28]长时间缺席
宗教仪式的参与，其宗教情感的维系和灵性资本的累积一定会面临挑战。在
当代农村社区"留守化"的背景下，这种现状在很长一段时间内都难以获得
根本的改观。而在信徒需要照看儿童的情况下，其听道的效果也必然会受到
影响。

4.1.6　奉献乐捐

　　陈村教会的全部收入均来自教徒的奉献。对于财务组同工来说，在每日
礼拜散场之后还需要继续留守，他们还有最后一项工作需要处理，那便是"取
钱"、"数钱"、"记账"。作为一个普通的乡村教会，他们的日常开支以及奋兴
会、圣诞节、春节这样的大型活动支出都需要依赖信徒的募捐。"十一奉献"
是基督教的重要教义之一，在《圣经》中有专门的经文，例如：

　　"地上所有的、无论是地上的种子、是树上的果子、十分之一
　　是耶和华的、是归给耶和华为圣的。人若要赎这十分之一的什么物、
　　就要加上五分之一。凡牛群羊群中、一切从杖下经过的、每第十只
　　要归给耶和华为圣。不可问是好是坏、也不可更换、若定要更换、
　　所更换的与本来的牲畜都要成为圣、不可赎回。这就是耶和华在西
　　乃山为以色列人所吩咐摩西的命令。"[29]

28　如果我们仔细思想这句话，会发现其存在很多问题，不参加宗教活动的信仰是难
　　以长久维系的。

29　《旧约·利未记》27：30-34.

"你要把你撒种所产的，就是你田地每年所出的，十分取一分；又要把你的五谷、新酒、和油的十分之一，并牛群羊群中头生的，吃在耶和华你神面前，就是他所选择要立为他名的居所。这样，你可以学习时常敬畏耶和华你的上帝。……每逢三年的末一年，你要将本年的土产十分之一都取出来，积存在你的城中。在你城里无分无业的利未人，和你城里寄居的，并孤儿寡妇，都可以来，吃得饱足。这样，耶和华你的上帝必在你手里所办的一切事上赐福与你。"[30]

从上述经文可以看出，信徒履行十一奉献是其获得耶稣基督赐福的一个重要条件，也是教会开展各项工作，例如扶持老人、探访病号、看望孤儿寡母和残疾人等的必要条件。然而，在乡村教会，很少会有信徒完全按照十分之一的收入向教会奉献。

正如执事张蕾所言：

"和城市教会不一样，我们农村教会的多数弟兄姊妹家庭条件并不乐观，如果完全按照十一奉献的教义要求信徒的话，也会面临着一定的困难。所以，各位弟兄姊妹都是按照自己的能力和自己的心愿，尽自己的能力所为。有钱的多捐，没钱的少捐，一块两块不嫌少，一百两百也不说多。"

另一位执事张涛也有类似的表述：

"有的老姊妹，现在每年也没有什么收入来源，都是儿女给的，她们捐一块两块也很不容易。不过，作为执事，都应该按照自己劳动所得的十分之一去募捐的。有人说，教会就是一些条件较好的人带领着一群家庭条件不好的老人和妇女，我觉得其实也不是这样的，而是有钱的人不知道主的好。"

《圣经》有很多对于信徒捐献数量的描述，以此说明捐献数量多少并不能作为个人是否虔诚的一个重要指标。当我对单个信徒进行访谈以了解其宗教捐献行为时，则会遭遇困难。首先，捐献行为属于自愿行为，正如捐款箱上所书"乐捐箱"，都是乐意捐献的行为，那么，有的信徒可能因为家庭条件的缘故，给教会捐献的资金并不是很多，或者有的信徒捐献的虽然比较多，但是却觉得说出来似乎有炫耀的意思；其次，按照基督教教义，信徒捐款时不能让其他人看见。因为《圣经》有经文曰："你们要小心，不可将善事行在

---

30 《旧约·申命记》14：22-23，28-29.

人的面前，故意叫他们看见。若是这样，就不能得你们天父的赏赐了。所以你施舍的时候，不可在你前面吹号，像那假冒为善的人，在会堂里和街道上所行的，故意要得人的荣耀。我实在告诉你们，他们已经得了他们的赏赐。你施舍的时候，不要叫左手知道右手所作的。要叫你施舍的事行在暗中、你父在暗中察看，必然报答你。(有古卷作必在明处报答你)"[31]尽管，教友们很难完全诵读全部经文，但"你施舍的时候，不要叫左手知道右手所作的"却是每个教友所熟知的内容。尽管我们难以获知每个教徒具体的宗教奉献行为，但我们仍可从教会每年总收入中了解他们的平均捐款。例如2012年教会总收入为38301.5元，在我田野工作期间，几乎每次都可以看到有信徒奉献100元，这对于一个乡村教会来说，收入已算充足。[32]我与王小红(简称王)就教会的奉献进行了简单的探讨。

我：您每年都要给教会捐钱吧？

王：给教会捐钱，也要根据自己的情况。比如说，这个事儿办的比较顺当了，就可以了，你不要许，你要是不许了，那给也行，不给也行，给多少都行。你许也可以，但是不要说许多少钱，你就是少给一分钱，也不要说瞎话。你比如说，你许一百块钱，结果给了一块钱，那等于是欺骗了主。

我：您许了一百块钱，您可以捐献一百零一，比一百多，但是你不能少了。

王：不能少了，因为他不是个人，他是个神，神的话，那一就是一，二就是二。就是没有虚空的。就是实实在在的，他那个话就是说，是就是是，不是就是不是，都是实实在在的。

我：所以其实有的人就是来许愿了，比如说生病了，或许愿生个男孩，我就来给您发光，就是说一百块钱。会不会有时候在教会能看到有人捐一百的，就是和这个"许"有关系。

王：有关系，跟什么都有关系，你不如说，有的人出去打工他挣钱了，他挣了一千块钱，就要拿出一百块钱，圣经上有，就是说要有十分之一的捐献。

---

31 《新约·马太福音》6：1-4.
32 在教会服务部分将会详细介绍教会的收入和支出。

我：但是你比如说，张蕾他们家，她儿子都在挣钱呢，她老公也在挣钱，她自己也在挣钱，一年收入个三万块钱，肯定是可以的。但她不可能去捐三千的，我觉得。

王：她要是当家了她就能捐的出去，她要是不当家，那就不行了。你就像我吧，儿子的钱，闺女的钱，我也不要，我也没有去捐，但是要是我自己挣的，我要是挣了一百，我就捐十块。那要是挣一千块钱，那就捐一百。[33]这主要就是看你自己，你不是说你有钱，那你要随你的心意，去多捐一点，没有钱的时候，不捐也是可以的，主要的不是你的钱，就是你一颗心。

如前文所言，很多乡村基督徒作见证时，都会说"我要给主发光做见证"。从话语表面来看，似乎一个人已经领受神的恩典，就需要给主回报，其直接的方式便是为主奉献。我在教会期间，曾听教务组长曹婷婷多次表达，不要和主谈条件，不要有了恩典之后发光，发光是自愿行为，恩典也是免费的。其实，对老年基督徒来讲，他们的奉献更应该是一种值得我们称赞的行为，他们在自己收入有限的情况下仍然坚持着奉献的行为，真的是一种"贫穷中的奉献"。而教会的顺利运行既需要 100 元的奉献，当然离不开这些每次都是 1 元、2 元、5 元的奉献，正是他们一起构成了教会的存在。

4.1.7 圣餐礼拜

圣餐是基督教两大圣礼之一，是基督徒的重要礼仪。基督徒认为，圣餐的直接根据来自《新约圣经》，圣经中记载耶稣基督在被钉在十字架上死的晚上，与十二门徒共进逾越节晚餐。圣餐就是为记念主耶稣基督的死，圣餐是照耶稣所规定的，来分领饼（无酵饼）和酒（葡萄酒），以表明主耶稣的死，按理领受的，不是凭眼见，乃是凭信心，分领主的身体和血，并他一切的益处，以致灵性得养育，在恩典中生命得长进。

在《哥林多前书》中，有专门的经文：

我当日传给你们的，原是从主领受的，就是主耶稣被卖的那一夜，拿起饼来，祝谢了，就擘开，说："这是我的身体，为你们舍的。你们应当如此行，为的是记念我。"饭后，也照样拿起杯来，说：

---

33 从她的话中可以看出，即使虔诚的基督徒也很少会把丈夫收入的十分之一捐献给教会。

"这杯是用我的血所立的新约。你们每逢喝的时候，要如此行，为的是记念我。"你们每逢吃这饼，喝这杯，是表明主的死，直等到他来。所以，无论何人不按理吃主的饼、喝主的杯，就是干犯主的身、主的血了。人应当自己省察，然后吃这饼、喝这杯。 因为人吃喝，若不分辨是主的身体，就是吃喝自己的罪了。[34]

圣餐材料是无酵饼和葡萄汁。无酵饼用面粉加水制作而成，不加酵粉或其他的调味料，因为基督徒认为酵代表罪恶[35]；无论人多人少，只作一个无酵饼，以此来代表会众是一体[36]。饼和葡萄汁象征著主的身体、主的血，吃这饼，喝这杯的意义是："表明主的死，直等到他来"。基督在十字架上的献祭，是一次完成的，也是永远有效的，不需要屡次的被献为祭。我们凭这旨意，靠耶稣基督只一次献上他的身体，就得以成圣。[37]

圣餐礼拜，一般在每月第一个主日举行，是基督教纪念耶稣与门徒共进最后晚餐的仪式。主礼人（牧师、长老或执事）为预设的面饼和葡萄酒（或葡萄汁）祝祷，表明饼和酒是耶稣在十字架上的身体和血，然后分给信徒，以此纪念耶稣基督的救赎。领圣餐的人必须是已经受过洗或受过浸的信徒。信徒在领取圣餐前先要省察自己，如果有罪，就应当立即祷告认罪，然后吃圣餐。平安县县城的教会，每月第一个主日都会有圣餐礼拜。而我曾经所在的北京城市教会，基督教海淀堂和盼望教会，在每月第一个主日都会有圣餐礼拜，并由牧师或长老主礼。

圣餐是信徒经常领受的重要圣事。在豫东地区，受限于圣职人员的匮乏，乡村教会很难按照每月一次圣餐礼拜的次数进行，所以在不同地区便有一些替代方式。例如，不再严格按照每个月第一个主日举办圣餐礼拜仪式，而是在其他主日举行；每年每个教会都会有奋兴会，牧师或长老在奋兴会即将结束的最后一天下午举办圣餐礼拜。在山西中部的家庭教会，信徒采取一种变通的方式，主礼人不是专职牧师或长老，而是由教会的执事主持圣餐仪式，为了节约支出，葡萄酒改成了葡萄汁饮料；面饼，则是在圣餐礼拜之前，由教会的姊妹做好，然后每个人分发一部分。

---

34 《新约·哥林多前书》11：23-29.

35 《新约·哥林多前书》5：6-8.

36 《新约·哥林多前书》10：17.

37 《新约·希伯来书》10：10.

在陈村教会，圣餐仪式首先由曹婷婷和袁牧师或赵长老联系，然后确定具体时间。因为平安县两会只有一个牧师和三个长老，很难满足每个教会的需求，所以只能采取折中办法用轮流的方式或者在其他主日时间举行圣餐。作为赵长老管辖下的教会，陈村教会有更多机会摆设圣餐。下面，我以 2012 年 12 月 30 日[38]为例描述乡村教会的圣餐礼拜仪式。

首先，陈村教会的教务组需要讨论圣餐仪式，然后向牧师或长老提出申请，选择牧师或长老有空的时间。在确定时间之后，执事王菊与任芳提前做好无酵饼，赵丽娟提前购买葡萄酒。在证道结束后，主礼人（牧师或长老）会说"今天是圣餐礼拜，受洗的弟兄姊妹站起来领受圣餐，没有受洗的弟兄姊妹则可以离开教会了。"然后，教务组成员将饼和酒传递给牧师或长老，由他们将饼掰开分发给四位执事。

在圣餐礼拜，经常会看到很多信徒被圣灵感动而流泪。尽管，我们很难进行精确的统计，但是至少会有五分之一的信徒。在每一次圣餐礼拜，我都可以看到执事赵丽娟在默默流泪，在礼拜结束之后，赵丽娟曾告知我，她为圣灵感动所以流泪。当然，我没有办法去评判她流泪的原因，也没有可能。只是说，在这一个神圣的时刻，尘世的苦难与耶稣的救赎相契合，共同激发了信徒原本隐藏在内心的宗教情感。不过，从教外人士看来，则纯粹是因为世界苦难的缘故。当我言及在圣餐礼拜时，很多信徒流泪的事情时，信徒们的回答都是，"被圣灵感动"，而非信徒的回答基本上都是"家里有事儿"。如果从世俗的角度去看，确实有些信徒在当时某个时刻发生了事情，例如，2012 年 8 月的圣餐礼拜时，一位康村的教徒，便因为儿子面临官司的缘故，在那一刻哭了。

4.1.8 追思礼拜

结婚礼拜和追思礼拜也是基督教的重要仪式，但作为一个福音尚未完全被人们接受的县域，或者说作为一个福音的荒土，基督教形式的婚礼和葬礼尚不普遍。仅以婚礼为例，作为一个打工经济主导乡村生计模式的县域，我们几乎在村庄看不到尚未结婚的年轻女孩，而信教的年轻女孩更少。按照男女双方都是基督徒的要求，在研究社区几乎找不到这样的情况。当地已有老信徒过世后举办追思礼拜。

---

38 2012 年 12 月 30 日，为该年度最后一个主日礼拜，按照惯例，由赵长老证道并主持圣餐礼拜。

　　追思礼拜，是指信徒去世后在礼拜堂举行的悼念仪式，内容有唱诗、祈祷、读经、家属讲述死者生平、牧师证道等。对于陈村教会的教徒而言，追思礼拜被视为一次宣传基督教的重要机会。尽管现在由于诸多原因，其中最重要的是家人反对，真正按照基督教的仪礼举办追思礼拜的家庭仍然是少数，除非是基督家庭，换言之全家人都是基督徒。王珍珍给我讲述了老组长李梅的追思礼拜：

> "老组长过世之后，在她的儿女和教会执事商量之后，教会决定为老组长举办一场隆重的追思礼拜。老组长的葬礼是周围村庄最为隆重的葬礼，附近村庄的很多村民都去围观，在农村文艺日益凋敝，葬礼观看人数日渐减少的背景下，他们都认为这是一个实实在在的见证，是老组长为主做工的恩典。在当时，县两会的牧师、长老、平安县其他教会的信徒，甚至还有信阳地区的 100 多名信徒代表乘坐三辆大巴车专门前来参加葬礼，通过唱赞美诗，表演节目、共同祷告等形式纪念老组长为陈村教会的成立和发展壮大所做的贡献，纪念她在生命最后 30 年为主所做的工。"

2013 年 6 月发生在信徒李晓丽身上的例子，便凸显了这样的困境。信徒李晓丽的丈夫因为心肌梗塞突然离世，李晓丽非常希望可以按照教会的礼仪办理丈夫的丧事，但是，因为丈夫生前并没有悔改受洗，所以在纠结之后，她最终选择了按照世俗的方式去办理丈夫的后事。[39]在已有的研究中，葬礼的选择与冲突被认为是新时代的礼仪之争，然而，这样的争议在陈村教会并不普遍，因此在这部分只是简单介绍。

4.2 团契生活：以聚会点活动为主

　　在基督教中，"团契"是基督徒的"必修课"，"团契"的存在有其特定的意义和作用。团契源自圣经的"相交"（希腊文：Koinonia；英文：fellowship）一词，现在常用作基督教（新教）特定聚会的名称（张秀敏，杨莉萍，2013）。换言之，它含有"交通、交流、交谊"之意，即参加团契活动的信徒相互交流、彼此劝勉，使自己的信仰得以巩固，并能以良好的行为造福于他人和社会。陈志华（2008）指出：

---

39 关于李晓丽的案例，将会在人情往来中进行详细的阐述，并会涉及到其在选择中两难困境以及其他基督徒在此事上的行为表现。

　　"团契旨在增进基督徒和慕道友共同追求信仰的信心和相互分享、帮助的集体情谊。团契生活是基督徒最基本的和非常重要的教会生活，所以团契也被称为基督徒团契。团契的目的，是希望每一位参加者都有参与、有付出、亦有享受，在彼此的付出和收受中，体会基督里相爱的生活。基督徒相信，信仰不单是个人的"私事"，它需要有团契的经验。一个人可以敬拜，但一起敬拜则意义和果效倍增。教会若缺乏了团契精神，敬拜就会渐渐变得又冷又空虚，个人若没有了共享的信心，则信心就会失去支持的力量。"

　　在城市教会，团契活动，一般按照性别、年龄、工作等进行划分，分为青年团契、大学生团契、老板团契、农民工团契等。在农村地区，团契活动一般以地域形式划分，每个村庄都有聚会点。尽管教会有唱诗班团契，但是其活动很少，尚未形成紧密的联系。当然，乡村基督徒很少会使用"团契生活"这样的术语，而是代之以"聚会点聚会"这样的通俗表达。对刚加入教会的信徒而言，内心都有这样的疑虑，自己不会唱诗，不会祷告，也不敢在人面前做见证，害怕自己出丑闹笑话。很多受访者都陈述了这样的困惑，说自己不合格，因为早年读书少，不识得几个字，所以看不懂圣经，而且听道也记不住。尽管他们在参加几次聚会和礼拜之后，逐渐发现在教会里面没有人真正关注其他弟兄姊妹在做什么，每个人都在唱诗，尽管有时会走音；每个人都在祷告，尽管声音并不高；每个人都在听道，尽管并非能真正理解；有的人因为疲困，甚至在睡觉。他们发现别人和自己并没有太大的差别。然而，如果仅此而已，他们在一个人数众多的群体中，似乎也难以真正体会到教会对于个人的关心，而且也很难在短时间内结识新伙伴，此时聚会点的功能便凸显出来了。

　　教会由一个个具体的信徒构成，并由这些教徒一起创造和发展。[40]然而，教会相对而言是一个人数较多的群体，在缺少中保的情况下，人们有时候难以组织，聚会点便充当了个体教徒与教会的中保。在信徒记忆中，教会发展的初级形式便是聚会点，并且逐渐从单一村庄小范围的家庭聚会点逐渐扩张成为方圆十多个村庄有公共空间（教堂）为基础的教会。对陈村教会而言，每个聚会点的兴衰成败直接决定着教会的兴衰，而教会各项具体事工也多数由各个聚会点分别完成。[41]

---

40 教会有很多含义，在本书中，教会主要指基于某一地域而形成的基督徒群体。

41 在教堂修建部分，我们将会解释聚会点的功用，为我们提供了一种可供观察聚会点为单位行动的场域。

陈村教会的十三个村庄都有聚会点，聚会时间一般选择周三和周五，具体时间可能存在差异，或者中午或者晚上，活动形式也不一样。[42]关于为什么选择星期三和星期五作为聚会时间，张涛告知我：

> "聚会的意思，每个星期三，星期五都是为了纪念主。星期三聚会，是因为主耶稣在世的时候，他领着门徒星期三在山上聚会祷告，我们这也是在聚会的山上等待耶和华[43]；星期五聚会，是因为主耶稣星期五背着十字架受苦。"

每个聚会点参与人数并不确定，有的聚会点人数较少，参与聚会的信徒只有五六个人；有的聚会点人数较多，日常参与聚会的信徒有二三十人。当我提及为什么在教堂之外还会有聚会点活动时，赵丽娟援引《圣经》经文告诉我，"我又告诉你们：若是你们中间有两个人在地上同心合意地求什么事，我在天上的父必为他们成全。因为无论在哪里，有两三个人奉我的名聚会，那里就有我在他们中间。"[44]

对于信徒而言，家庭聚会的性质和参加教堂活动的性质差异很小，其仪式过程都是首先进行个人祷告，然后一起唱赞美诗，接着由一个信徒读《圣经》某一段经文并进行解释，最后进行集体祷告。在仪式过程中，集体祷告都是最为高潮的部分，并且一般由一个家庭聚会的小组长进行带领。在郭村聚会点，聚会一般会选择周三、周五下午，时间是一点半，聚会方式比较简单，先一起听一段圣经播放器，然后再一起唱诗、祷告，聚会便结束了，时间前后持续约一个小时。这与该村聚会点信徒构成有关，信徒人数相对较少且年龄偏老，再加之圣经播放器的普及，他们省去了原本需要信徒口头表达才可以完成的环节。同时，我还发现一个非常有意思的现象，有信徒翻开的《圣经》页码与播放器朗读的经文内容明显不一致，但还是开心地看着。这一现象表明，对部分信徒而言，他们参与活动的意义比宗教知识的增长更有意义，换句话来说，宗教活动的形式比宗教活动的内容更加重要。在乡村聚

---

42 在北京盼望教会，除周末的礼拜之外，其他活动都是在星期三晚上举行。每月第一个星期三是查经班；第二个星期三是《圣经》培训学校和受洗信徒培训；第三个星期三是门徒训练课程；第四个星期三是祷告会。由此可见，不论是城市教会还是农村教会，都会选择周三进行团契生活。

43 有一次我访谈了北京盼望教会的基督徒，她告诉我，周三聚会是因为周三是每周的中间一天，时间上似乎没有神圣化的意义。

44 《新约·马太福音》18：19.

会点，男性教徒似乎是边缘化的，他们多数没有像女性教徒那样积极参加聚会点活动，其原因并不是他们相对更不虔诚，而是受根深蒂固的性别关系影响，乡土社会仍然是一个男女有别的社会。基督教伦理并未根本改变人们心目中的性别观念。男性教徒参与聚会点活动的事情，发生在夫妻二人同是信徒的情况下，而且聚会点就设置在男性教徒家中。[45]

聚会时都会有人读经、讲道，讲道人一般都是识字的信徒[46]。对很多老年信徒来说，在无人陪同的情况下，距离聚会点较远可能会多有一些不便。然而，白天聚会同样存在问题，中午聚会必然影响人们休息，尤其是夏天，人们多数需要午休。所以，很多聚会点负责人都会在征询信徒个人意见的情况下选择合适的时间，以便满足大多数人的需求。老年人比较倾向于中午，因为他们原本没有农活或者其他家务需要繁忙。聚会时间的选择还会根据农忙和农闲进行调整。

我主要以范庄聚会点为例，分析信徒在聚会点的宗教行为。范庄是陈村教会信徒较多的村庄，全村共有信徒 70 多人[47]。聚会点主要由赵丽娟和张蕾带领，聚会点多次迁移，起初在老信徒陈娥家，现在转移到信徒曹雯雯老房子里，她因儿子结婚的缘故修建了新的住房，此后老房子便暂时空闲，成为范庄信徒的聚会点。范庄聚会时间并不完全确定，一般都是在下午一点半或者晚上 7 点（冬天是晚上 6 点）。之所以选择下午一点半，是因为聚会结束后差不多下午三点，并不会影响正常的农业生产活动，而晚上则是在农忙时才

---

45 在不同的农村地区，聚会点的情况存在很大的差异，本书中的聚会点主要是指陈村教会下属的聚会点，与通俗意义上的家庭教会还存在着一些差异。我们从其他研究者的成果来看，女信徒人数多于男信徒也是普遍的现象，即使对于城市教会也是如此，女信徒的数量远多于男信徒，并且出现了大龄女信徒结婚困难的窘境。2014 年 3 月 16 日，北京盼望教会的洪牧师在证道过程中便讲述教会了现在一些女信徒的婚姻困境，因为不管承认与否，女信徒比男信徒虔诚，而且教会存在严重的性别比例失调。

46 在乡村教会，具有初中文化程度，能说会道的信徒逐渐成为各个聚会点的骨干。

47 之所以说全村共有信徒 70 多人，是因为即便聚会点小组长也不能很明确地说出每个信徒的名字，而且存在着曾经是信徒而现在因为照看子女或孙子女而没有像往常一样去参加聚会和教会礼拜的信徒，他们或者是教会的边际人，或者只是在圣诞节的时候才去参加一次聚会，用村民的话来说，"他们心不诚，信心不够"。与此同时，还存在因为外出务工的原因而暂时不在村庄居住的信徒，这样的信徒也有近 20 人。

会选择。因为聚会点一些信徒年龄比较大，晚上外出毕竟不方便，所以他们会尽可能选择下午聚会，这样便会照顾到每一个信徒。

在下文中，我以 2012 年 6 月 27 日星期三晚上的一次聚会为例进行说明。当天晚上 7 点半，我参与了该聚会点的一次夜间聚会，当时参与的信徒共有 19 人。聚会点在一位年逾 85 岁的老信徒陈娥家举行，为一间面积约 12 平方米的小屋，房屋已经比较破旧，屋内陈设非常简单，家里唯一的家用电器便是一台 21 英寸的彩色电视机，还有一个掉在屋顶的吊扇。[48]在这个狭小的空间中，还有两张床和十多个凳子，教徒们便按照先后顺序寻找自己的座位，有教徒带着《圣经》和《赞美诗》，有的则什么都没有带。据教友们解释，聚会点和礼拜堂是一样的，都是一个神圣的宗教空间，在这样的空间中，每个人都不能随意讲话，不能言说一些家长里短的话。

尽管起初说好时间为晚上 7 点半开始，但从后期观察来看，很少有每位教友都在 7 点半按时到达的情况发生。教友们多数会因为家里的杂事，或者没时间来聚会，或者会稍微迟到一些时间。然而，这些都没有关系，并不会影响其他教友在这里敬拜神。早到的教友们开始一起唱诗赞美神，从她们的歌声中，我们可以体验到地方文化的深刻影响，因为几乎每一首赞美诗都带有鲜明的豫剧色彩，而且因为她们缺少专业的训练，又是在年岁稍长之后才委身基督教，所以所唱的大多数歌曲都是一个基调，似乎并没有按照曲谱来演唱。

在唱赞美诗的时候，一般都是赵丽娟、张蕾、李晓丽或者孙倩等几个人先说，咱们唱某某首吧，然后大家便跟着一起歌唱。当日，教友们歌唱的赞美诗有《愿跟随主歌》、《欢乐颂扬歌》，并反复唱了多次[49]。

赞美诗 128 首 《愿跟随主歌》

我愿意跟随耶稣走平坦道路，或在花木茂盛清水常流之处；既有救
主在前引导，我愿跟随主，一路走到天上，紧跟主脚步。（副歌）跟

---

48 当我分享我在实地拍摄的照片给同学看时，他们认为我去调研的村庄非常贫困，与上世纪八九十年代的很多农村家庭相似。然而，实际情况并非如此，一位八十多岁的老人家里陈设简单也是意料之中的事情，大多数农户家用电器都已经比较齐全，尤其是一些三十岁以下的农户。当然，这里存在着家庭权力下移，代际剥削严重等现象，将会有专门的讨论。

49 这里之所以如此详细地对每首歌的歌词进行白描，基于两种考虑：其一唱赞美诗构成乡村基督徒聚会点团契活动的主要部分；其二，赞美诗构成很多乡村基督徒尤其是老年基督徒宗教知识的重要来源。

随，跟随，我愿跟随耶稣，无论往何地方，我愿跟随主；跟随，跟随，我愿跟随耶稣，只望耶稣引导，我愿跟随主！我愿意跟随耶稣走崎岖道路，或遇风雨交作，黑云把路拦阻，既有救主在前引导，我永不惊慌，总不惧怕危险，因有主相助。（副歌）跟随，跟随，我愿跟随耶稣，无论往何地方，我愿跟随主；跟随，跟随，我愿跟随耶稣，只望耶稣引导，我愿跟随主！

我愿意跟随耶稣走任何道路，我愿与主同行，时常蒙主保护；如今我所走的路程，主早已经过，主必领我进那应许光明处。（副歌）跟随，跟随，我愿跟随耶稣，无论往何地方，我愿跟随主；跟随，跟随，我愿跟随耶稣，只望耶稣引导，我愿跟随主！

赞美诗307 《欢乐颂扬歌》

向主我要欢乐歌唱，田野美丽，朵朵花香，鱼跃水中，百鸟飞翔，苍天碧海，显主恩光。向主我要欢乐歌唱，青山遍野，绿水流长，主赐生命，万物兴旺，良辰美景，灿烂辉煌。向主我要欢乐歌唱，春、夏、秋、冬，不停地唱，主恩主爱奇妙异常，世世代代铭刻心上。赞美我天父！感谢我天父！赏赐世人宏福无量！我心中欢乐，要不停歌唱，向主献上赞美颂扬！向主献上赞美颂扬！

时间在晚上 8：00 左右，赵丽娟说："我们都是神的儿女，我们都需要给主做工的。"她开始诵读《圣经》经文"基督徒的生活准则"：

> "爱人不可虚假，恶要厌恶，善要亲近。爱弟兄，要彼此亲热；恭敬人，要彼此推让。殷勤不可懒惰。要心里火热，常常服侍主。在指望中要喜乐，在患难中要忍耐，祷告要恒切。圣徒缺乏要帮补，客要一味地款待。逼迫你们的，要给他们祝福，只要祝福，不可咒诅。与喜乐的人要同乐，与哀哭的人要同哭。要彼此同心，不要志气高大，倒要俯就卑微的人。不要自以为聪明。不要以恶报恶。众人以为美的事，要留心去作。若是能行，总要尽力与众人和睦。亲爱的弟兄，不要自己伸冤，宁可让步，听凭主怒。因为经上记着：'主说，伸冤在我，我必报应。'所以，'你的仇敌若饿了，就给他吃；若渴了，就给他喝。因为你这样行，就是把炭火堆在他的头上。'你不可为恶所胜，反要以善胜恶。"[50]

---

50 《新约·罗马书》12：9-21.

在朗读完之后，赵丽娟进行了简单的解释，"神教导他的儿女没有一点儿坏处，全是益处，我们要按照圣经所指示我们的话语去过得胜的生活。" 之后，仪式便进入高潮部分——集体祷告。在祷告前，他们还会再唱四首灵诗，分别是《主啊 求你来到我们中间》、一首地方灵诗、《圣灵降临》和《神爱世人》。

迦南诗选《主啊 求你来到我们中间》

主啊 求你来到我们中间，让我们见到你的荣光。开启我们的眼睛和心窍，才能辩认方向。惟有你是神是真神是活神，是永远的王。主啊 求你来到我们中间，把我们的心照亮。

地方性灵诗：无题

今个星期三，真神来门前，同心接圣灵，耶稣来看病，只要有真心，看病能挖病根，挖了病根感谢主的恩，挖了病根感谢主的恩。今个星期三，真神来门前，同心接圣灵，耶稣来看病，只要有真心，看病能挖病根，挖了病根感谢主的恩，挖了病根感谢主的恩。

迦南诗 《圣灵降临》

圣灵降临在你们身上，你们就必得着能力，并要在耶路撒冷，犹太全地和撒玛利亚，直到地极作我的见证。圣灵来了洁净我的心，他要永远与我同在，并且要充满我心，叫我圣洁多结果子，荣神大有能力传道救人。圣灵圣灵，保惠师圣灵，恳求圣灵亲自来动工，除撒旦、灭邪灵，哈里路亚荣耀归主名，哈里路亚荣耀归主名。弟兄姐妹切切求圣灵，圣灵充满才能为主用，为主用，必得胜，耶稣率领荣上加荣，耶稣率领荣上加荣。圣灵来临，爱心充满怀，圣灵指示胜过全世界，学谦卑、学忍耐，主掌大权恶魔失败。末日来到，遍地有魔鬼，问你武器在不在手里，有武器赶魔鬼，武器就是忍耐到底。

赞美诗 《神爱世人》

神爱世人，甚至将他的独生子赐给他们，叫一切信他的，不至灭亡，反得永生。

神爱世人，甚至将他的独生子赐给他们，叫一切信他的，不至灭亡，反得永生。

集体祷告，在多数情况下，由张蕾或赵丽娟带领，如果他们都不在（这种情况极为少见），则由其他信徒领带，最后会高声说，"奉天父的名所求"，然后信徒们齐声说，"阿门"。我们以赵丽娟为例，赵丽娟的祷告的内容首先是，感谢天父，赐下耶稣基督赦免自己的过犯，感谢天父给予自己的恩典；其次是对于国家和政府的祷告；这些与陈村教会的祷告并无差异，只是增加了关于聚会点的祷告，大致内容为"主啊，我把范庄聚会点交托在你的手里。"仪式以主祷文[51]结束：

> "我们在天上的父，愿人都尊你的名为圣。愿你的国降临，愿你的旨意行在地上，如同行在天上。我们日用的饮食，今日赐给我们。免我们的债，如同我们免了人的债。不叫我们遇见试探，救我们脱离凶恶。因为国度，权柄，荣耀，全是你的，直到永远。阿门！"

在男性外出的背景下，女性在家活动一般较少受男性控制或监督。如果聚会点同时出现两个权威人物就可能会出现关于聚会点主导权的争执，所以可能会出现一个聚会点分裂为两个聚会点的现象。在范庄聚会点，尽管存在着两个宗教精英人物，但是因为张蕾在遇到事情时都会选择忍耐、顺服，而赵丽娟尽管性格要强，但从内心来说仍然比较佩服张蕾的信心，所以即便两人之间存在着一些冲突，也都会选择忍耐的形式，使聚会点可以保持持久团结。

聚会点还承担着拒绝邪教或异教的功能。在田野工作过程中，我便见证了一件由于部分教徒接触异教徒而引发的聚会点冲突事件。2012 年 8 月 3 日，我去郭明月家做访谈，巧遇她与外来传道人张金华论道交通。张金花自称 50 岁，信主多年，经常外出传道，现在儿女都已成婚，并在外打工挣钱，留下自己一人在家种地。张金华讲述了自己的很多想法[52]：

> "现在有的传道人讲的道很多人都不想听，是因为他们讲的道不好。我找郭明月论道，是因为我们都是一个肢体，我们二人是在做邻里交通。……教会捐钱都是自愿的，有钱的时候就捐钱，没钱的时候就不需要捐钱，也没有任何强迫。不过，主在人心里呢，人所需要的，主都已经成全了，金子银子都是主的，他还要钱干嘛呢。现在的教会，都是人在花主的钱，这都是人冒充神的名花人的钱。因为，钱放在一个地方，谁看见主花钱了没有啊？没有人看见主花钱。在主手里没有缺乏的事儿，主不吃也不喝，主就在你心里呢，

---

51 《新约·马太福音》6：9-13.
52 我节选了张京华当时的部分原话。

主花你的钱干嘛。你信主之后，可以去传福音，拯救人的灵魂，但是，现在人们都理解错了，主医治了我的疾病，我就给主发光作见证，捐给主点儿钱，实际上人们都不明白主的道理。"

"《圣经》都是两千年前的道理，社会在发展，人们都在变化，里面的很多内容都已经过时了。你看那个耶和华时代吧，耶和华定了诫命，当时守住就行了，守不住的话当时就让石头砸死了。人只要守住就得救了，就不死，就不会让石头砸死。在律法时代，人只要守住就可以了。但是，在恩典时代就不一样了。这与小孩上学一样，开始上幼儿园你只要不哭就行了；但是到了小学初中，级别高了，你就得听老师的话，还得学习；但是在学习上，光学习不行吧，在那个程序上还得往前走吧，你咋能上大学呢，得有个过程吧。你像在那个恩典时代里，在那个大礼拜堂，耶稣让眼瞎的能看见，让瘸腿的能走路。但是人你得有变化啊，是不是。人反过来，你必须得去敬拜他。你光想享受他的恩典，但是你这个人有变化吗？没变化。你得从本性上有变化。他为人钉十字架是为了啥？替人受罪啊。人都是盼望着弥撒亚来了，但是弥撒亚没来，来个耶稣。这个人都不承认都不相信，是不是这个人都太死板了，以为只有来个弥撒亚才能救他。但是这个神，可以充当弥撒亚，还能充当耶稣。他叫个啥就是啥。人把他钉在那个位置上了，神只能充当弥撒亚，不能叫耶稣。这个现在的人们人太守规条了。"

从她表述的话语中，我们能够发现很多内容都与正统基督教教义相违背，或许可以理解旧约时代为律法时代，新约时代为恩典时代，但如果认为《圣经》内容已经过时，反对向教会奉献支持教会发展，则是典型的异端行为。于是，我详细询问了她家的住址，并表示是否可以留下电话号码，有机会时再登门拜访，一起读经论道。她表示，她很少会使用手机，因为平时也没有什么事情需要和外界联系，最后告诉我她就是临近村庄贾村人，并表示有时间欢迎我们这些大学生去她家做客，并为我们预备饮食。恰巧我认识贾村的信徒，便专门打听了一下，结果发现在贾村信徒中根本没有这个人。我才意识到她使用了虚假的姓名和虚假的村庄，并告知了我们虚假的信息。

2012 年 8 月 8 日，范庄的教徒一起到村庄刚信主的曹莎莎家聚会，之所以临时更改聚会点，是因为"曹莎莎以前是烧香的，刚皈信耶稣，耶稣和佛在家里打架呢，信心小的人压不住，所以才会将聚会点暂时挪过来，为的是一起战胜邪灵。"不过，因为曹莎莎是郭明月传教信主的，尽管有信徒认为郭明月可能会把一个新教徒带向弯路，但仍没有太多的反对。在张京华与郭明月论道之后，就有信徒对这件事情表达了自己的不满，因为张京华并非一开始就找到了郭明月，而是转了好几家之后才最终找到郭明月的。李晓丽认为：

> "郭明月又信这又信那，两面都不叫她，都不保佑她。她现在是在和邪灵交通，如果信心软弱的话，就可能被邪灵附体，而且还可能带坏聚会点的其他信徒。"

郭明月则认为：

> "神爱世人，既爱义人，也爱不义的人。人家大老远地跑过来，你不能来了就把他撵走。你把人家轰走了，伤人家的心。"

此后，郭明月去阿秀家叫她一起去聚会，阿秀也不去了。他们还打电话给教会的执事任芳一起参加聚会，并且劝勉大家不要走弯路。于是，便有了后面的故事。起初，聚会内容与往常一致，并无明显差异。大家聚在一起唱诗、读经、祷告赞美神。和以往的聚会一样，有信徒来得比较早，有信徒来的比较晚。因为农村人固有时间的不确定，而且有的村民家里没有表或者手表不走了，所以对于时间没有明确的概念。此后，预定下午一点半开始的聚会到下午两点才正式开始，并且越来越多的信徒都来了。

在聚会即将结束时，忽然出现了关于邪灵的争论。任芳认为郭明月正在和一个信仰邪教的人走得太近，不太利于教会的健康发展，但曹莎莎因为郭明月带领她进入基督教的缘故，所以还是想着她可以经常去参加聚会。此后，原本顺利的交流会在结束之后爆发了一场冲突，争论焦点是与宣扬邪教的人接触是否会动摇自己的信心，而异教宣传的不去教堂做礼拜、远离身边的人似乎正在导致农村聚会点的解体，原本和睦的邻里关系很容易受其影响。

为了防止曹莎莎与郭明月联系太多触异端，任芳诵读了《圣经》中的两段经文：

> "耶和华说，那些残害赶散我草场之羊的牧人有祸了。耶和华以色列的神斥责那些牧养他百姓的牧人，如此说，你们赶散我的羊群，并没有看顾他们。我必讨你们这行恶的罪。这是耶和华说的。我要将我羊群中所余剩的，从我赶他们到的各国内，招聚出来，领

他们归回本圈，他们也必生养众多。我必设立照管他们的牧人，牧养他们。他们不再惧怕，不再惊惶，也不缺少一个。这是耶和华说的。[53]"

"一个人若有一百只羊，一只走迷了路，你们的意思如何。他岂不撇下这九十九只，往山里去找那只迷路的羊么。若是找着了，我实在告诉你们，他为这一只羊欢喜，比为那没有迷路的九十九只欢喜还大。你们在天上的父，也是这样不愿意这小子里失丧一个。[54]"

任芳、赵丽娟等人开始了对羊群的讨论，当然其言语主要指向与异端有接触的郭明月，并认为邪灵可能与主争夺信徒。下面节选部分当时大家争论的话语：

"有病的人才找医生，有罪的人才找耶稣。耶稣是好牧人，我们都是耶稣的羊。信主就要信到底，跟主就要跟到头。你不相信就别和他说了，我们村根本就没有张金华这个人，你说的那个人就是撒旦，是耶稣的仇敌。我们不能让自己成为迷失的羊。迷失的羊是主用比喻的方法，他把儿女比作是温柔的，忍耐的羊，那些脾气不好的就迷失了，主用爱心把他们找回来。我们不应该与邪灵接触，接触的次数太多就会成为迷失的羊。"

"别人愿意听我说的话，我愿意听他们的话。一个人一个看法，一个人一个说法。她唱的，我不会唱。我们把生命寄托给主，能给我们带来平安，带来喜乐；寄托到邪教上，只能带来灾难。现在冒充主耶稣基督的可多，有家庭礼拜，还有东方闪电、哭教、法轮功、三赎基督。假先知、假仙子现在可多得很。他们都是邪灵，他们搞活动时都关着门，瞎眼的、腿瘸的、不得劲的他们都不要，他们光要年轻的，基督耶稣都是拯救人，信邪灵的都是到谁家以后，吃人家的喝人家的，净是干坏事。"

聚会几乎在争吵中度过，而对于郭明月而言，简直是度日如年，因为几乎所有言语都是针对她的。我在聚会结束后再次访谈了这次冲突的焦点人物郭明月。她告知了我关于事件更多的内容，其中包含着她在教会的委屈和他人对她的误解：

---

53 《旧约·耶利米书》23：1-4.
54 《新约·马太福音》18：12-14.

"你知道他们说我啥不，这面有人摔倒了，都是我的问题，都是我带了邪灵过来了，祷告也没有用了，都是我的问题，邪灵也跟着来了。千万别让他再来了，都是邪灵。邪灵的力量还比较大，需要人多才能压得住。"

"现在家里有两个女儿，两个儿子。他们都说我的不对，我就说你们都对。这一班子都不理我，我都说你们的对，我说你们很好。你说我哪儿不好天上一位真神，他啥都知道，能看到人的内心，忍耐心大，打不还手，骂不还口。你需要合二为一俺们俩都是从西头过来的，他们不让我过来。他们不叫我来，我也不和他们吵架。话点到为止，说的次数多了，人家听着，嘴里不说，但是心里不舒服。来到世上，都有缺点，她每次来我都知道。"

2012 年 8 月 12 日，在主日礼拜上，曹婷婷专门在聚会即将结束的时候，花几分钟时间，讲述了现在邪教想法设法和主争夺教徒，信心软弱的弟兄姊妹一不小心就被拉走了。或许发生在郭明月身上的这件事情，只是当地关于邪灵之争的一个案例。在今天农村各种教派快速发展的时代，教会的羊群随时都有被诱惑的风险。在遇到有异教徒接触教会的时候，教会一般选择让聚会点的人去协调，以便让每一个信徒远离异教徒，并维系纯洁的信仰。

4.3 教义习得：宗教知识阐释与理解

对一名基督徒来说，宗教知识获取是了解个人信仰的最重要来源，也是内化信仰准则的前提。在实地调查中，笔者就"您获取宗教知识的主要来源是什么？"一题访谈了每一个受访的基督徒。从他们的回答来看，读《圣经》、唱赞美诗、听教会布道、参与聚会点活动、听圣经播放器、看基督教壁画等，都是他们获取知识的重要来源。通常情况下，《圣经》都是基督徒获取宗教知识最重要的来源，但在乡村教会，几乎没有信徒完整阅读整本圣经。很多人甚至"我不识字，看不懂圣经，也没有怎么读过"。[55]从田野笔记可以看出，听道、聚会、唱诗是每个信徒都会给出的回答，并且构成了他们获取信仰知识最重要的途径。下面分别从教会讲道和赞美诗两个方面进行解释。

---

55 在北京的城市教会，每个教会都会分为若干的团契（或称小组），主日证道活动结束后，团契成员都是分享专门的"思考题"。思考题围绕证道的主要内容展开，旨在通过小组分享让信徒有更深刻的体会。

4.3.1 释经者

对一个农村平信徒而言，他们有机会接触到的《圣经》阐释者主要是牧师、传道人、执事和聚会点小组长。陈村教会没有圣职人员，例如牧师、长老、专职传道人，日常事务均由六位执事协商处理，只有在奋兴会或圣餐礼拜时，平信徒才会有机会聆听牧师、长老和外来传道人讲道。

（1）牧师

在平安县，基督教两会只有袁牧师[56]一个牧师。他出生于 1966 年，20 岁时信主悔改，21 岁时受洗皈依，曾在武汉神学院（现中南神学院）[57]就读，完成四年的神学本科学习，于 2000 年按立为牧师并开始担任平安县基督教协会会长。在袁牧师的经历中，他也曾短暂地行医数年，之后便专职在教会服事。县基督教两会只有袁牧师一个人主持日常工作，换句话来说，全县教会的事情都是他在主持的[58]。

在和袁牧师的五次接触中，他多次分享了自己对教会职责和使命的理解。他认为，在打工经济面前，农村教会也有新的使命，需要引导信徒积极适应新的世局，尤其是最近十年才形成的新风气，例如体力劳动逐渐退出市场，建筑、绿化、针纺等工作开始兴起，当劳动力达到饱和时就可能会影响人们的外出选择。现在，教会需要关注老年信徒的问题，因为河南已经进入老龄化，社会独生子女政策的实施，农村打工经济的盛行，很多农村成为空心村，家庭成为空巢家庭，这些都让老年人养老面临诸多的挑战。在这种形式下，大量年轻教徒选择外出务工，这样的选择在某种程度上促进了城市基督教的发展，但是却会导致农村教会的衰落。

在讲道过程中，袁牧师反复强调，党和国家的政策制定会在很大程度上影响公民的行为，基督徒首先作为公民而存在，应当遵纪守法。随着时代的更新，很多信徒的素质有时跟不上。因为神职人员比较少，为了照顾不同教

---

56 在我的想象中，作为基督教协会的会长，袁牧师应该过着一种体面的生活，但初次接触袁牧师时给我的感觉却并非如此，他穿着非常朴素，与很多普通百姓并没有明显差别。在之后的多次访谈，我才逐渐了解到袁牧师一直过着简朴的生活，但是一直没有放弃对于信仰的追求，对于乡村诸多教徒的牧养。

57 武汉神学院，现改名中南神学院，1985 年由中南六省区（湖北、湖南、广东、广西、海南、河南）基督教两会在武昌联合创办的基督教神学院。

58 按照袁牧师的说法，县两会并不需要那么多人来维系日常工作，也免得耽误农活或外出打工。

会信徒的时间，袁牧师需要奔走于每个教会之间，经常跑不过来。有时因为奋兴会的缘故，有时因为有圣餐礼拜的缘故，有时是乡村教会有座谈会需要牧师参加。在 2011 年拥有电动三轮车之前[59]，袁牧师一直骑着一辆破旧的自行车奔走于各个教会之间，在教会距离遥远或者刮风下雨时就需要乘坐公交车。在穿着方面，袁牧师向来生活简朴，很少自己添置新衣服。对于袁牧师而言，他自己便在言语、信心、行为、爱心等方面都作为信徒的榜样。与其他传道人相比，袁牧师讲道的内容比较深，更多地偏向于神学[60]。当然，讲道的内容偏向于神学好还是与生活相结合比较好，这个也很难定论。因为对于教义的认同和内化，信徒之间千差万别，不同的人做不同的事情。

在访谈过程中，我曾设置了这样的问题，"您和县两会的牧师是否有联系？如果有，您在什么情况下会和牧师交通或求牧师代祷？"调查结果显示，大多数平信徒和袁牧师的联系并不多，他们也很少会寻求袁牧师帮忙。但这并不表示，他们认为袁牧师不重要，正是因为他们认为袁牧师非常重要且事务繁忙，所以除非遭遇难以面对的危机才会去寻求袁牧师的帮助。真正与袁牧师联系多的人，便是教会的六位执事，他们会在奋兴会，县两会例会时和袁牧师有联系和交通。袁牧师一家人生活在一个被称为"县两会"的地方[61]，他每个月的收入仅仅 1500 元，这对一个家庭来说，正常的生计维系尚且会面临很多问题，更何况，他们像普通人一样，面临着子女教育与婚姻等问题。在我自己遇到袁牧师之前，我对于牧师的生活充满了想像，当我们真正地走进他们的生活时才发现，选择牧师便是选择了一条全然奉献的道路。当我冒昧地提及"为什么您没有选择做医生，而是选择做牧师时"，他的回答简单而干脆，选择牧师，其实就是选择了一种清贫的生活方式。

---

59 在逐渐了解到袁牧师诸多的不易生活之后，尤其是看到袁牧师在寒冷的冬天骑着破旧的自行车到来教会之后为主服事的时候，陈村教会以任珊珊为代表的教务组成员逐渐商量在教会资金允许的情况下（当年，教会的奉献正好相对宽裕），为教会的牧者购买一辆电动三轮车（当然，绝大多数平信徒对于这些事情的发生并不知晓）。

60 在调查过程中，陈村教会的多位信徒都有类似的表达，并且认为有时候难以跟随袁牧师的脚步，但是，其实习惯了日常证道过程中较多的个人见证，偏神学的传道方式未尝不是一件好事。传道人王晓晓认为，"神给不同的人不同的天赋，神给袁牧师的天赋让他可以从神学起源、历史、发展等方面给信徒展示。"

61 县两会同时也是某乡村教堂所在地。

在陈村教会信徒眼中，袁牧师是一位卡里斯玛型的宗教领袖。他拥有精湛的医术，原本可以选择开诊所做医生，过一种富足的生活，但是，他却选择了牧师这一清贫的职业。正如袁牧师所言，"医生是在医治病人的肉体，牧师则是在拯救人的灵魂。"从信徒们的言语中，我可以真实地体验到他们内心的感动，尤其是一位老信徒说，"有一年冬天，在福音会最后一天，袁牧师穿着破旧的衣服，骑着非常古老的二八自行车从县两会赶过来，往返于路上的时间便至少需要三四个小时。他到教会以后，脸都冻得红扑扑的[62]。"简而言之，袁牧师尽管与平信徒的接触并不是很多，却对很多信徒的灵命成长有重要作用，信徒普遍将其作为自己生活的榜样，并且认为相互之间没有距离[63]。

（2）主管长老

平安县共有三位基督教长老，赵长老为其中唯一的女长老，也是唯一全职的长老，她同时兼任西街教会的负责人[64]。赵长老生于 1963 年，在 1982 年信主悔改，1986 年正式受洗，现兼任县三自爱国运动会副主席。她高中毕业后，受母亲影响信主，期间虽然曾短暂学习一些实用技术，但 1986 年一个偶然的机会，当时市两会的牧师告诉她，"现在省两会有中青年信徒的神学班，要不你去参加吧，你去看看吧"。此后，在经过短暂的犹豫和徘徊之后，她开始学习圣经知识，还有历史、地理、语文等，最终获取了入学资格[65]。1987年赵长老在武汉神学院就读，1990 年毕业，并于 1996 年按立为长老。在访谈中，赵长老始终关注儿童教育问题，尤其是隔代照料留守儿童的学习和生活。

---

62 2012 年 8 月 4 日调研笔记。

63 袁牧师的外在形象与我在北京城市教会接触的牧师存在很大差异，因为在城市教会大多数男牧师都会选择正式的穿着，一般而言西装皮鞋是标配。

64 我曾三次访谈赵长老，我们对话的内容包括个人的灵命历程、西街教会的基本情况、平安县基督教发展历史与现状、当代乡村教会发展的困境等。赵长老为人和善、心地善良、勤俭持家，但是如同每一个凡俗的个体一样，她的生活也同样充满了困惑和难题，例如，家庭收入来源单一，子女上学不容易便是其面临的直接问题。赵长老有很多想法，希望教会可以开创更好的福音事业，例如，开办老人院、儿童主日学、扩建教会等等。然而，现在仍然有两个主要困难：首先，需要大量资金投入和义工劳动投入；其次，县宗教局局长并不十分支持赵长老的想法。所以，近年来，赵长老所在的教会一直都在减少支出，为新建教堂积攒资金。

65 在高考时，赵长老只差两分半就可以进入大学学习，她认为"可能是神要使用我，让我为神做工，所以考大学时让我少两分。"

她认为，留守老人不可避免地会溺爱孩子，这会引起家庭和社会的问题，教会应该在这种背景下做出努力和贡献。

作为赵长老分管的教会[66]，陈村教会每年的受洗仪式和圣餐礼拜，赵长老都会前来参加。我第一次对赵长老的访谈，便是 2012 年底圣餐礼拜结束之后的简短交谈。赵长老的证道属于神学教义和日常生活衔接较为紧密的类型，期间尽管有诸多的见证，但是多数属于其他信徒的见证，很少会做自己的见证。尽管陈村教会的信徒也都和赵长老有较多接触，且赵长老作为片区的协调人，按理说，相互之间的联系应该比较多。然而，在访谈过程中，却鲜有信徒会对赵长老有些许的评价。陈村教会的平信徒与赵长老的接触并不是很多，执事们更喜欢牧师的性格，所以相互联系也比较少。换句话来说，对于陈村教会平信徒而言，赵长老对于他们教义理解和行为规范方面的影响都比较小。

（3）传道人

传道人，简单来说就是传福音的人，讲"神"话的人。对陈村教会信徒而言，他们能接触到的传道人，主要有主日聚会的三个兼职传道人，分别是曹婷婷、赵丽娟、王斑琴；奋兴会聚会接触到的外来传道人。与城市基督徒相比，乡村基督徒并不重视证道内容，在整个教会中做笔记的信徒人数非常有限。我们可以这么理解，农村基督徒受限于日常生活中世俗的农业生产，家务劳动等家庭琐事，加之受教育水平有限的协同影响，传道人并没有发挥其应有的作用。

在教堂里面，不乏年龄已经 70 多岁甚至 80 多岁的老信徒，即便平时和他们近距离聊天时，他们都会因为听力的缘故，很难抓住彼此的意思。他们耳朵听不清楚，那么他们参与教堂活动还有什么意义呢？或许有时候，对于这些老年信徒而言，在教会听道并没有那么多所谓的"意义"，参与活动本身便构成其行为的主要目的和意义。于是，我们经常可以在教会看到很多老年人只是单单坐着，他们在教堂里面并没有高声唱赞美诗，也没有诵读圣经，尽管他们也在努力地听取传道人的布道，但是似乎并不能识别[67]。

---

66 平安县教会数量比较多，所以县两会常委都会分管一两个乡镇的教会，陈村教会隶属赵长老辖区。

67 老年信徒参与基督教活动形式大于内容且难以获取丰富宗教知识的现象，并不能由此而得出他们信仰不虔诚的结论。如果进一步进行讨论，便会关涉到"知"与

"在圣殿时需要保持安静，不要喧哗，因为在如此神圣的场所随意走动以及说话都是对神的不尊重。"但是，我在教堂观察时，几乎每次都可以看到有信徒因为劳累或其他原因而打瞌睡或干脆睡觉。与此同时，还有信徒需要照料年幼孩童，孩童不时嬉戏和吵闹都会影响其他信徒的专心听道。根据我的观察，在传道人讲道时，认真做笔记的信徒人数很少，绝大部分信徒只是在听着，他们也坦言，"年纪大了，很多内容都记不住了"。当然，作为教会信徒内化教义的一个重要空间，我们希望藉此理解乡村基督徒在教会中所听的基督教知识。但是，在当代中国的众多农村教会，教会的传道事工面临很多非常现实的问题，例如：教会缺乏传道人、讲道人家庭困难、传道人圣经知识匮乏、传道人缺乏牧养补贴等。

在访谈的过程中，多位信徒都向我表示：

> "新教堂建好以后，各方面的条件都好了，但缺少传道人是现在一个大困难，以前的魏姊妹也不讲道了，西街教会的王姊妹也因为打工的关系不来了，现在他们不来的时候，都需要曹婷婷去讲道，现在赵丽娟也开始讲道，但是她基本上都没有怎么去参加培训。"

具体而言，乡村教会的传道工作面临以下困难：

首先，传道人家庭生活艰苦。在每年收入有限的背景下，乡村教会很难为传道人提供专门的支持或补助，尽管近年来陈村教会收入有比较多的增长，但也仅限于为传道人提供路费补贴和电话费补贴，对于传道员家庭条件的改善来说只能是杯水车薪。[68]同时乡村基督徒现在尚没有接受为传道人支付薪酬的观念。不过在访谈中，多位信徒都表示，曹婷婷信得比较好，而且为教会奉献很多，甚至影响了家里的工作，教会也可以给予适当补贴。因此，让每一位传道人过上一种比较体面的生活是乡村教会普遍面临的问题。

"信"的争议。作为一个宗教社会学的经验研究，本书并不会专门就此进行神学意义上的讨论。但是，从教会发展的历程来看，他们的信仰毫无疑问是值得尊重的，正如我在北京某教会参与聚会时，听牧师所言，广大农村偏远地区的老弟兄、老姊妹，他们在教育水平有限，物质条件恶劣的背景下始终坚持着对于天国的盼望，并过着敬虔的生活，他们的信仰是值得我们这些年轻教徒尊重的，他们的信仰是值得我们去关心的。

68 我 2012 年 12 月 30 日曾到陈村教会小组长兼传道人曹婷婷家中，因为长期奉献教会，她没有办法像其他村民一样外出务工，一直以来都住在相对破旧的住房中。尽管 2011 年重新修建了四间房屋，但也是在举债的情况下，而且至今还没有安装窗户，也没有进行粉刷。

其次，传道员子女教育问题。因为家里收入有限，传道员子女没有办法选择更好的学校就读，但是一般学校学习环境不好，不利于孩子的成长。传道员赵丽娟便是如此，她女儿2013年9月入学初中一年级，原本计划让女儿去县城师资力量较强，环境较好的学校就读，但是考虑到有限的经济收入和女儿照料的困难，她最终选择了让女儿在乡镇中学就读。这样的选择增加了女儿中考的难度，也降低了将来考入大学的几率。

第三，传道员神学知识匮乏。在教会听道时，当传道员讲着，"我只是小学毕业，也没有接受神学培训，是主赐给我一颗心，我的心被圣灵充满"时，我可以感觉到她们内心的无奈。她们都想更好地为主做工，但囿于有限的宗教知识，在讲道过程中经常会使用福音见证，有时甚至夹杂了个人生命历程中的个人见证。我们虽不能说，在信徒蒙神悦纳领受恩典之后，应该主作见证，但也有信徒可能比较反感，他们认为既然都是信徒，为何她的恩典如此丰盛，而自己的恩典则相对很少。在实地访谈中，作为传道人的赵丽娟并没有完整地阅读一次《圣经》，讲道内容来自其他证道文集。由于缺少正规的神学训练，自身受教育水平有限，平时还被生产和生活的琐事所困扰，传道人难免会在圣经的阐释方面出现偏离。

第四，传道人身兼数职，被过度使用。有的传道人同时兼任教会的诸项事工，经常过着劳累的生活。以赵丽娟为例，她是教会执事、会计、主礼人、传道人，还是范庄聚会点协调人，一人需要承担教会诸多事工。与此同时，丈夫外出务工，家里农活负担也落在了她的身上，还需要照顾读书的女儿。于是，多元身份的混合，经常让她在一些事情上难以顾及。每个人的时间和经历都是有限的，很难保证所有事情都获得完美解决。

第五，传道人的行为表现。传道人的行为，既包括在教会的表现，更包括在日常行为中的表现。对乡村基督徒来说，他们非常看重传道人的日常行为，如果他们发现传道人的行为不合神的心意，就可能因此而不去教会参加活动。因为对部分信徒行为不满而导致长时间不去教会，也不去聚会点参与活动的现象仍然时有发生。这些事情都是诸多因素的混合影响。在她看来，如果只是听道而不行道，还不如不信主地好。教会是由一个个具体的人构成的，他们每个人都在以不同的方式形塑自己的人生。如果教会的很多信徒，都没有活出基督的样式，那么教会就很难再兴旺起来。

　　在田野工作中，我遇见了小学文化的李晓霞。她是一个基督徒，因为识字较少的缘故，阅读《圣经》非常吃力，但还是购买了《圣经》来阅读。她有几个已经破烂的本子，彰显着她多年来唱赞美诗的历史。她认为自己对于听道和行道认识地比较深刻。尽管，教会曾经多次说，"在教会是在敬拜神，而不是来敬拜人。所以，亲爱的弟兄姊妹，我们不要因为哪些弟兄或姊妹的行为，你们觉得他们的行为不合乎教义，就不来教会了。毕竟，我们敬拜的是耶稣基督，而不是每一个具体的人"。但是，每个基督徒都是有血有肉有情感的个体，他们并不能完全按照教务组所说的一样，在遇见自己不喜欢的人之后就可能会不再去教会。她讲述了自己在教会听道的感受和近来不去教会参加活动的原因：

　　　　"听道的时候，有时候记笔记，有时候不记笔记。有时候去晚了，都不知道在讲什么。讲道的很多内容我自己都记不住。赵丽娟这个人，就是贪世局，而且说话从来不饶人。俺们这，人家说一句，她说两句，最不饶人。你说说，她的脾气啥时候能改过来啊？每次聚会的时候，她都会来得比较晚，然后就说，哎呀，忙死我了，热死我了，家里有事情，来不了啊。……她这个人怎么这样子啊，你有功，不用表（现），每个人都看在眼里。你做的是自己的活，你还在这儿表什么功？村里栽树的时候，总是在说着自己的功劳，总是在说，自己累死了。人家不信主的人，都不说一句自己累得要死或者累得慌。赵丽娟，这个样子，不能来事儿。她可会表。主叫我们，学谦卑，学忍耐。我们唱的诗歌，圣灵降临，爱心充满怀，带着能力胜过全世界，学谦卑学忍耐，主掌大权魔鬼要衰败。她一点儿都不谦卑，一点儿亏都吃不得，总是怕自己吃亏。现在她还去讲道，她讲道的时候，我都不会去教会。"

　　对于教徒来说，外来传道人总是更有意思。之所以有意思，是因为他们年龄都比较年轻，都曾经接受两年以上的神学教育，而且讲道内容比较新奇。以 2012 年 7 月 25-26 日，教会请来山东青岛某教会的一位年轻传道人为教友分享《圣经》经文为例。传道人名叫张海波，生于 1984 年，山东青岛人，读大学时信主受洗，硕士研究生学历。因为曾经接受高等教育，所以与乡村传道人相比，他的讲道形式看起来更加有意思。他自己驾车从山东来到河南省平安县，随身携带笔记本电脑、投影仪和音箱设备。对于一个接受大学教育的人来说，熟练地使用幻灯片[69]成为一种基本的技能，但是，对于乡村基督徒来说，他们却很少会有机会接触高科技的设施，并认为这种讲道的形式很神奇。

在讲道过程中，张海波使用电脑图文并茂地对讲述关于圣经教义的解释，期间充斥着关于人类堕落，地质灾害，粮食危机，世界末日的图景。当然，他的讲道会更有意思，例如第一句话理所当然是"弟兄姊妹们平安"，第二句话便是"教会里面阴盛阳衰，都是姊妹啊。弟兄们都不努力啊。" 下面节选他的一部分讲道内容：

> "你们一定在想现在的很多人不信天不信地就信人民币，那么信仰基督耶稣和他们之间存在着什么样的差异呢？一种发自内心的对于金钱的物质追求和一种对于心灵的精神追求，两者之间到底存在着什么样的差异呢？有人信仰基督耶稣，定期去礼拜堂活动；有人烧香磕头拜观音菩萨，两者都是神？哪个才是真神呢？现在有人把毛主席的头像挂在堂屋的正中间，也当成神敬奉起来了，在遇到事情的时候，也会给毛主席他老人家磕头请愿，试想一下，毛主席本是人，怎么能当成神挂起来敬拜呢？我们在生活中，需要把心放平，我们的头脑中不能存储太多的东西，否则的话我们便会排斥新东西的进入，那么，我们应该记住的是哪些事情呢？我们，活在这个世界上面，我们的欲望太多了，我们的追求太多了，我们希望得到的东西太多了，那么我们到底应该追求什么呢？我们为什么生活在这个世界上呢？我们为日常的琐事所烦扰，以至于我们逐渐忘记了我们到底为什么而活着。只有我们心里有主，生活才会变得有意义，我们才知道为什么而活着。我们才不至于为了获取物质上的追求，而忽略精神的追求。"

在讲道的过程中，影像资料中出现了很多画面，而这些场面都是伴随着现代社会的风险而出现的，例如，日益频繁的交通事故，暴雨，地震，干旱等地质灾害的爆发，日本的海啸，非洲的粮食危机，阿富汗的战争等等，都被以苦难的形式进行解读，并将圣经中关于世界末日的征兆进行回应。然而，让我比较惊奇的是，电影《世界末日：2012》中的灾难场面，经过剪辑之后被播放，并被作为似乎真实的场面。因为多数研究地的基督教徒并没有看过

---

69 幻灯片，即 PowerPoint。

这部电影，所以他们便想当然的认为这些都是真实的场景。而诺亚方舟的隐喻，也与圣经的很多的信息不谋而合。

在讲道过程中，讲道人和基督徒的互动相对比较简单，这是因为，对于很多文化水平相对较低，理解能力相对有限的农村老人与妇女来说，他们也不会采取一种更合适的方式和讲道人互动。其中最主要的互动便是"哈利路亚"，然后基督徒会说"阿门"。有时候，讲道人也会说着"我讲到哪儿了"、"你们听懂了没有啊"、"安息日是哪天啊"等。其实，互动的原始目的便是，希望改变比较单一的讲授的特点，希望得到大家的积极配合。我忽然意识到，现代科技已经逐渐渗透到乡村的每一个角落，而即便是牧师讲道，也已经开始适应一种全新的形式，不再只是光说，而是一种图片、视频、音响的混合，新的混合形式，使很多事情更容易理解，而网络技术的普及，当讲道人在讲述一个灾难的时候，他们可以将自己日常生活中获得的信息与现在的内容结合起来，并形成新的认识，例如非洲的疾苦、日本的地震、阿富汗的战争、美国的游行以及发生在国内的事件，都可以得到回应。而有时回应是如此简单，例如他们会用一种比较简单的方式认为，现在发生的诸多苦难，在圣经里面都有预言，圣经早在 2000 年之前并已经预言了当代发生的诸多的事件。你说，圣经是不是真的？当然，传道人通过图片，声音，影像资料等多种形式结合的方式，图文并茂为教徒们阐释之后，他知道如此繁杂的内容他们一定不可能记住，所以在上午即将结束的时候，他又对一天的主要内容进行总结，"你们可以忘记了我今天所讲述的所有内容，但是记住下面的这句话就可以了。宇宙万物都是神创造的。"

比较惊奇的是，与传统关于世界末日的想象相比，现在世界末日的想象更加丰富，因为伴随着电脑，电视的普及，关于灾难的影像图景越来越多，也比较直观。"人类浩劫"、"世界末日"、"自然灾害"、"艾滋疾病"、"禽流感"、"贫困与饥荒"、"政局混乱"等无处不在充斥着苦难的隐喻。而贪污腐败横行的例证，又与教徒日常生活中接触到的村干部的交往相回应。苦难、剥夺、贫困，与宗教之间尽管不一定存在必然的联系，但是他们之间一定存在着某些联系，处于什么年代，似乎又与人们的日常的生活相距甚远。而在现实中，人们的见闻不时地都在印证《圣经》的话语，例如恐怖主义，农村住所的铁栅栏，单亲家庭的增多，离婚事件的增多，而在食品安全上面，则是农药化肥等导致的土壤污染和农产品问题。

4.3.2 赞美诗

地方性灵诗不仅是教会的主要活动，更是信徒们获取宗教知识和宗教情感的重要来源，还是基督教伦理在乡村普及的重要方式。农村教会开始发展之初就开始教信徒唱赞美诗，刚开始一般都由一两个会弹钢琴、赞美诗唱得好的信徒，长期负责领唱和教大家唱赞美诗，但近几年，随着农村教会的发展，信徒人数增加，特别是教会经济条件的改善，各地农村教会组织了自己的唱诗班，并得到上级主管教会支持。

前文已经提及，在乡村基督徒的宗教生活中，赞美诗占据着特别重要的位置。其实，从教会日常使用的赞美诗歌来源《赞美诗（新编）》来看，其本身便已经体现了基督教的真理秩序，因为虽然诗集中的圣乐体裁和神学各异，但诗集中所编排的圣诗内容先后目录结构顺序却符合基督教信仰生活秩序，其编排顺序也体现了基督教真理秩序——神、教会、信徒（翁翠琴，2001）。与城市基督教会不同，农村基督教会信徒的受教育水平普遍较低，他们在圣经阅读和理解方面存在较多困难，所以，赞美诗或灵诗成为他们获得基督教知识的重要来源。

在农村教会，唱赞美诗的时刻是一个非常重要的时刻，正是在这一时刻，基督徒表达着自己对于神（上帝）的赞美，歌词内容也包含着信徒对上帝的称颂、感谢和祈求。在不同教会，唱赞美诗的形式也存在着差异，而其共同的形式则是在教诗人的带领下一起歌唱。在陈村教会，唱诗和祷告之间是分离的，只是在集体祷告结束的时候会唱《圣灵降临歌》。但是在盼望教会，唱诗与祷告之间是完美结合的。信徒在集体唱诗之后，便会有相应主题的祷告，而教诗人也引领祷告。这样一种调和的方式，使唱诗和祷告不再显得相互分离，两者之间也没有明显的界限。陈村教会的教诗人，一共有六个人，她们中只有两人曾在开封市两会的资助下分别接受了三个月和六个月的音乐集中培训，其他人则只是断断续续地在县两会支持下接受了短期的训练。

从人口学特征来看，农村教会的信徒构成毫无疑问，呈现妇女多，老人多，受教育水平低的特征，而且在农村青壮年劳动力城乡流动的现状下，这一现象将会长期存在。所以，尽管讲道是教会敬拜的重要活动，但是对农村老太太而言，却很难吸引她们的注意。这并不是说传道人讲道讲得不好，而是因为对这些已经上了年纪的老信徒来说，她们已经很难记住传道人在教会所讲的主的话语。与此同时，教会很多讲道的内容与她们的日常生活距离较远，她们并不十分关注《圣经》的内容，也不关注教会的历史，更不会花时间学习基督教知识并与别人辩论。相反，她们所记忆的很多基督教知识，都直接源自诗歌，在无数次的重复过程中，她们记住了一些相关内容。与相对枯燥乏味的听道相比，唱诗显得更有意义。在乡村教会，唱诗班的成立往往彰示着教会进入一个新的发展阶段。

下面，我们以 2012 年 7 月 21 日教会奋兴会期间，传道人教信徒唱《我们是亲兄弟》[70]，并进行阐释为例，介绍赞美诗是如何与解经工作融合为一体的。

迦南诗选：我们是亲兄弟

我们是亲兄弟，永远不分离，一主一信一洗圣灵为印记，我们是亲兄弟，血统源于一，都是主用宝血赎回的，亲兄弟在患难中更加相爱，亲兄弟在患难中仍能同风雨，亲兄弟在患难中彼此牵挂，亲兄弟从来不为己，亲兄弟我们是亲兄弟，走到五湖四海心都在一起，像大树的根系同根生在沃土里，我们永远是亲兄弟。

传道人言：

"在神的眼中，我们都是亲兄弟，我们是不是经过主的拣选之后，都是亲兄弟，亲姊妹，哈利路亚，阿门！我们生活在教会里，我们是不是需要同甘共苦，亲兄弟在患难中是不是需要互相牵挂，我们有多少次没有去牵挂我们的弟兄姊妹了啊？我们有没有发自内心的彼此牵挂呢？让我们真正地让神来拣选我们的内心。下面，我们共同来唱这首诗歌，我们来看看亲兄弟给我们的信任，给我们的鼓励，给我们传递的耶稣基督的爱，让我们进入到这首诗歌当中，让神的理念进入我们的心中，让神的理念来感动我们每一个人，来珍惜我们，来扶持我们。"

"亲爱的弟兄姊妹，我们真的是亲兄弟，我们同在耶稣基督的心里，就是什么样的患难，什么样的悲痛，也不能把我们这些亲兄弟分隔开来我们每个人都是耶稣基督的子女，阿门！什么样的事情可以隔断耶稣基督的肢体呢，阿门！我们能够为耶稣基督进行献上祷告，能为每一个弟兄姊妹进行献上祷告，能为我们教会的复兴来

70　选自《迦南诗选》。

做献上祷告，唯有我们成为亲兄弟，我们的教会才可以复兴，才可以发展，我们如果能够真正把耶稣基督合二为一，我们彼此之间真正相爱了，我们只有在弟兄姊妹中真正的祝福了，那么神的能力，才能真正体现在我们每一个弟兄姊妹的谦卑和相爱。"

"我们要为我们身边的每一个弟兄姊妹献上祷告，我们要为我们每一个个体的需求献上祷告，让我们为教会的复兴来做献上的祷告。感谢救主耶稣，我再一次来到你的面前，我感谢赞美你，当你的孩子来到了你的面前，赞美你，我们都需要你的帮助，我们都需要你的看护，我们都需要你的怜悯，我们都需要你的引导！我啊，我感谢你，赞美你！"

"主啊，你的灵降临在每一个弟兄姊妹身上，主啊，我们需要你的话语，因为你的话语，才能给我们指示方向，主啊，今天用的光照亮这个世界，主啊，今天用你的宝血，洗洁我们的罪恶，主啊，我感谢赞美你主啊，今天求你来到我们身边，用你的圣灵感染我们，因为我们是亲兄弟，我们的心都在一起，主啊，我感谢你。主啊，求你把你的每一个孩子都照顾好。"

"主啊，我感谢你，把我们这些弟兄姊妹聚在一起，主啊，我们在身体里面逐渐成为你的一部分，我们想到了你的存在，我们想到了你的声音，主啊，让我们一起来到您的身边，看到您的子女在这个世界上受苦受难，看到我们的饥渴和无奈。主啊，耶稣基督，你能看到，按照你的指导。主啊，我们在你的面前是那样的无知，主啊，我在你的面前，是那样的懵懂。主啊，我们今天在你的面前都在向你祈求。因为神的每一句话语都是真理，因为我们忘记了神的话，就会得不着，我们一定要赞美神，我们要高兴地赞美主，我们要把自己心里想的事情全部告诉主，每一句话都不能忘记，都不能落下如果你没有记住的话，你就得不着。"

在《宗教生活的基本形式》中，涂尔干就仪式与信仰的关系进行了深入细致的分析，并且认为宗教仪式会激发信徒的情感，并达到集体欢腾的时刻（涂尔干，2006a）。对于基督信仰而言，赞美诗本身便具有深刻的神学意涵，赞美诗的演唱有助于激发教徒的宗教情感，并且形成集体意识。宗教知识的习得是宗教信仰灵性培养的重要途径。在农村，由于信徒文化水平普遍较低，他们很多人难以通过自觉学习和阅读《圣经》，布道等方式来学习基督教的基本知识和理解基督教教义，唱赞美诗就成为他们学习的重要途径。通过唱诗他们在愉悦的情绪中理解并记住了歌词，并籍此来学习和感悟基督教教义，唱诗的同时还激发了他们对"主"基督信仰的神圣感。

4.4 小结和讨论

　　本章详细描述了乡村基督徒在教会的宗教生活，然后分析了"聚会点"作为乡村基督徒日常宗教活动场所的功能，最后我又专门抽离了乡村教会的释经者以及基督徒如何通过赞美诗获取自己对于宗教知识的理解。在陈村教会，教徒受限于文化水平有限的缘故，难以通过个人读经获取相关的宗教知识，而是在很大程度上依赖于宗教精英的二次解释，最终表现为"场所为中心"的宗教活动方式。基督徒通过唱诗、听道、个人祷告和集体祷告、乐捐奉献等宗教实践，逐渐构建了自己对于基督教知识的认知，并进而重塑了个体的世界观、人生观和价值观。在此期间，以牧师、长老、传道人和聚会点小组长为主的《圣经》的阐释者凭借自己对基督教的理解逐渐掌握了教会的话语，并藉此而成为教会的精英。平信徒受限于诸多因素而不得不依附于宗教精英，并且更多地尝试以此丰富自己的信仰，他们开始重新拾起书本，抄录赞美诗，逐渐成为积极的宗教参与者。

　　根据田野工作的经验资料，我尝试将乡村基督徒分为以下几种类型：

　　（1）"兔子型基督徒"。他们没有真正的教会归属，不断在各个教会之间奔波，有时参加陈村教会活动，有时跑去杨村教会，有时跑去县城教会，有时参加家庭教会的活动，并喜欢与别人"谈主论道"。王珍珍，曾经担任教会的讲道人，后来因为外出务工的关系不再担任传道人职务，现在因为照看孙子的缘故再次回家。在北京听道两年之后，她认为现在教会的传道人水平一般，她不再满足于教会的讲道内容，所以有时会去平安县西街教会，有时会在县两会教堂，有时会在杨村教会，有时会在陈村教会，她经常辗转于各个教会之间。当然，她的行为已经引起教会一些人的反感，认为王珍珍看不起她们，觉得她们水平不够。

　　（2）"摇摆型基督徒"。他们一般抱持功利目的信教，信教后并没有完全放弃传统信仰，其信仰状态模糊不定，他们经常参与教会组织的活动，但是在"求主"不灵的时候便会"烧香磕头"，他们的宗教生活并不稳定。贾涛，早年劳累过度，落下了腿疼的毛病，后来在邻居的劝说下信主，她认为经常聚会有利于锻炼身体，唱赞美诗也会有一个好心情。然而，随着年岁的增长，她腿疼的毛病始终不见好，她有时会去县城寻求神医去扎针，有时去张爷庙烧香祈福，还曾去新疆用热土敷腿，同时还坚持聚会。她的想法是，"信主主灵，烧香神灵，民间神医也治病"，她经常会在信仰之间摇摆不定，但是近来因为烧香次数太多，聚会次数变少，一些信徒开始不再和她来往。

（3）"灵验型基督徒"。信徒皈依基督教的目的并非是寻求人生的终极目的，而是出于现实的目标，他们在日常生活中并没有坚持聚会和祷告，也没有完全按照基督教教义行事，而是在生活中遭遇难以应对的困境时才会去教堂寻求耶稣的庇佑[71]。康红艳，早年因为夫妻不和，亲戚认为她脾气不好，便跟随亲戚去聚会，一年后便受洗，脾气也渐渐变好一些。后来，丈夫外出务工，她开始一个人操劳家里的大小事务，变成"在家里想吵都没个人吵"，参加聚会的时间逐渐减少了。现在一般都是家里有事，例如孩子上学或家人生病时才会去聚会祷告，平时较少参与活动。

（4）"灵验与拯救结合型基督徒"。信徒经由某种现实的目的委身基督教，信教后开始追求个人拯救，他们坚持参与教会组织的各种宗教活动并乐于奉献乐捐，但是日常生活中仍然带有灵验的印记，他们会"向主许愿求主保守"，如果"主成全他们的祈求"，他们获得恩典便会"为主发光作见证"。这种类型的基督徒人数最多，侯慧慧，丈夫外出务工后，她觉得生活比较单调，便在娘家亲戚的劝说下信教。她会经常参加教会组织的活动，也会向教会捐款，但是在她的表达中，一般都是心里有什么事儿，然后求求主，之后为主发光为主作见证，如果主没有成全，却很少会认为是对自己的考验。她一方面像民间信仰者一样有"许愿-还愿"的思维，另一方面又有着灵性的精神追求，希望将来可以进入天堂。

（5）"信仰实践分离型基督徒"。他们有的口才好善于表达，有的声音好善于唱歌，有的识字多更懂经文，但是其自身过多地纠结于尘世的生活，信教也没有改变其从前的品性，他们比普通信徒更熟识基督教教义，但是却没有内化为个人行动的准则，他们的口头表达和行为实践存在分离。赵丽娟，陈村教会的执事，口才好，善于表达，她也经常参与教会组织的各种活动，

---

71 "灵验型基督徒"与"摇摆型基督徒"的差异是，他们已经放弃传统民间信仰形式。

并且曾经担任传道人。但是在普通信徒眼中，她并不值得他们信服，原因便是赵丽娟信教之后仍然延续着从前的脾气和品性，她和嫂子的关系一直不好，来往很少，也没有真正和其他信徒团聚在一起，还经常显摆自己的知识，很多信徒认为她"表（现）得很好，却做得不好"。

（6）"虔诚型基督徒"。他们或者出于现实的目的，或者出于灵性的追求，在信仰基督教后积极参与教会组织的活动，并努力按照教义活出自己的生活，他们乐于帮助信徒，成为信徒的榜样，而且有时甚至会损害一些自己的利益，他们是虔诚的基督徒。李晓丽，是一位平信徒，只有小学文化程度，经常参加教会的活动，在教会也没有任何职务。然而她在日常生活中却在努力践行宗教教义并规范自己的行为，她脾气好很少生气，邻居有事时也愿意帮忙，而且还照看着已经身体瘫痪的大伯子。不论是信徒还是非信徒，都认为李晓丽忍耐心大，有爱心，信得很好。

（7）"圣诞节基督徒"。他们平时很少参加教会组织的活动，只是在圣诞节或者春节才会偶尔去教会参加活动，信仰基督教并没有在她们身上打上沉重的烙印。黄婵娟，早年因为身体不适而在嫂子的说服下信教，并且开始参加活动，后来身体康健后参与活动的次数便减少很多。最近几年来，因为家里新添小孙女的缘故，她一般都会在家照看小孩，几乎不再去教会和聚会点参加活动，只是会在圣诞节时偶尔去一次，但是当问她是否信教时，她仍然会说，"现在我还是基督徒，主也知道我很忙，心里有主就妥了"。

我们从上述基督徒的各种分类便可以看出，乡村的基督教群体并不是一个同质性的群体，其群体内部的分化非常明显，并非每一个基督徒信教后都会完全将基督教教义内化为指导个人行为方式的准则和个人伦理道德的源泉。大部分乡村基督徒皈信之初便具有"功利"的倾向，而多年的宗教活动参与之后仍然没有完全逃离"灵验"的取向，主日聚会基督徒的见证中夹杂着各种因为蒙受主恩而选择"给主发光做见证"的话语。群体内部的严重分化限制着群体的集体行动，也限制了其在村庄中的影响力。

第五章　重塑身份认同

　　　　信仰不仅是一种思维方式，而且是一种生活方式，它把日常生
　　活置于永恒实体的笼罩之中。

　　　　　　　　　　　　　　　　　　　　　　　　——斯特伦（1991：59）

　　在农村地区，认同有神论的基督徒生活在一个相信存在神力、邪灵和全能耶稣的世界，坚持无神论的村民则生活在一个相信无神、无鬼、无邪灵的世界，继承民间信仰的村民则认可神、鬼和祖先（Jordan，1972：131-182）。正如朋霍费尔（2000：179）所言，"基督徒总是把别人看成基督来拯救的弟兄，他们仅仅跟耶稣一起去会见他们。门徒和非门徒永远不会作为自由人彼此相遇，直接交换彼此的意见，并用客观标准相互评价"。在日常生活中，每个人都会按照自己惯常的参照系去评价周边发生的事情，有时或多或少都会带有夸张的成分。这便关涉到由宗教信仰而产生的新的身份认同以及新的行为方式的改变。显然，宗教是一种重要的文化现象，宗教教义为信徒提供了个人行为的某种依据，并且说明了哪些行为是合理的和有意义的，哪些行为是禁忌的和无意义的。

　　只要有宗教存在，人们就会有宗教感情和相应的封闭心态。宗教感情越强，其封闭性的心态也越强（李路由，2012），并逐渐形成独特的群体符号边界。正如方文（2005）基于北京基督徒的研究，"通过社会范畴化，基督群体和他群体之间的符号边界得以形成；通过社会比较过程所形成的群体符号边界，同时也就是群际符号边界得以不断强化；而通过内群体惯例性的和典范性的社会行动由群体记忆所承载的群体文化，群体风格和群体社会表征体系

以及群际符号边界得以不断地生产和再生产。"读经、祷告、唱诗、聚会等宗教活动逐渐成为基督徒日常生活的一部分。

　　基督教信仰成为塑造群体边界的重要表征，而内群体成员也逐渐形成了其独特的身份认同，这样的身份认同让基督徒在日常生活中逐渐形成新的行为方式。与此同时，伴随新的身份认同的形成，基督徒在家庭、亲属、邻里和社区中的角色也在发生变化。下面我们将首先从话语表达、行为方式、人情交往等三个方面来描述基督徒身份认同的建构，然后再解释其个体角色的转变。

5.1　身份认同："我们是神的儿女"

　　皈依宗教会形成新的身份认同（King，2003），皈依的结果是他主动地获得一种新的群体资格，即宗教群体资格（方文，2007）。宗教徒的宗教认同是一个在自我发现和自我指导中不断建构的过程，其中宗教教义对于认同的建立起重要的媒介作用，而特定的宗教体验是认同维持的支持因素（梁丽萍，2004：221）。对基督徒来说，受洗仪式非常重要，洗礼的核心意义是受洗者的公开信仰宣言，是他加入基督教会的标志。但在陈村教会，人们对"受洗"并没有那么重视，也不构成"慕道友"与"信徒"之间的边界，只要是经常参加教会组织的宗教活动的人都被称为"信主"。

　　尽管《河南省基督教教会规章》规定：

> "凡渴慕救恩来教会听道及参加聚会活动者称慕道友。所在教会对他们应注意培养信心及提高灵性，为初信者举办'学道班'，在举行洗礼（浸礼）前，所在地的牧师或长老须对其进行谈话，对入教会动机的纯正，并有悔改表现的，方可为其施洗（浸），登记入册，正式称为教会的信徒。"

　　但就陈村教会而言，人们并没有慕道的概念，只要对基督教感兴趣并且悔改便算信主。而且教会也没有组织专门的"学道班"给他们提供基督教知识的培训，以便为信徒提供一个对于基督教信仰的基本认识。换句话来说，大多数农民是在对于基督信仰尚不明确的情况下便已经受洗成为基督徒，而且对于很多农民来说，是否受洗并不成为一个人身份认同的根本标志。因此，陈村教会信徒的身份认同便具有非常明显的地方性特征，不论是否受洗都被认为是"信徒"。

5.1.1 主内"行话"：信徒内部的话语实践

2012 年 8 月 12 日，孟村教会的执事冯金莲再次见到我时，和我交流了一些参加奋兴会的感悟，并告知如果有时间，她会去我的居所探访我，并使用了"求主预备时间"。我当时并没有想到这是一句宗教语言。后来，伴随研究的深入，我才逐渐发现信徒见面互动时经常会使用一些主内"行话"，这些"行话"本身构建了彼此的认同。宗教语言是宗教思想的主要表达方式，信仰相同宗教的信徒之间逐渐形成了共同的语言表达习惯，并逐渐演化为支配个人行为方式的一整套话语体系。对于没有宗教信仰的人来说，宗教语言并无实质意义，然而，在基督教教会内部，则显示出相似的语言特征和语言表达习惯。正如佟新（2003）所言，"语言能够告诉我们互动关系中成员间的社会位置和距离，即双方认为他们彼此有多少共通的生活经验及习惯，相同的社会背景以及愿意共同分享彼此情感、想法和感受的程度。"也就是说，基督徒通过表达其长期习得的宗教语言构建了一个基于共同理解而形成的神圣的宗教世界。

对乡村基督教徒来说，或许他们不会在世俗的村庄生活中随时表达其宗教性语言，但是在有其他基督徒在场时，则会使用其"行话"。我们以基督徒使用频次较多的"弟兄姊妹"、"交通"、"预备"进行简单说明。基督徒之间相互称对方为"弟兄姊妹"，是因为在基督徒的世界里，所有信仰上帝的人都是教会这个大家庭的成员，都是神的儿女，都是平等的。而无论其年龄、身份、职业、贫贱，男性都称为弟兄，女性都称为姊妹。所以，每次在聚会的时候，证道人都会说"弟兄姊妹，主内平安"。在教会里面，没有"叔叔"、"阿姨"、"爷爷"、"奶奶"这样的称呼，年长的男性基督徒被称之为"老弟兄"，年长的女性基督徒被称之为"老姊妹"，而年龄差距不大的则在称呼前加上姓氏，例如张弟兄、李姊妹。再比如，基督徒之间相互交流和分享教义、理解、感动，称为相互"交通"。有时因为信徒之间在教义的理解上存在偏差，相互之间保持讨论，也是一种"交通"的方式，而世俗的表达则是"抬杠"、"争执"。

让我们再次以"交通"为例。农村基督徒闲来无事，会坐在一起探讨神的话语，被信徒称为"灵里交通"。既然是相互之间的活动，那么相互之间不可避免地会出现不认同某些观点的情况，有时相互之间甚至到了快吵架的地步。用世俗的话来说，两个人之间说不到一起去，大家都觉得自己说的话是正确的，会使用"抬杠"。如果人与人相互之间抬杠，总会闹一些不愉快，一般都是草草结束。但是，对于基督徒来说，对于相同的教义进行完全不同的解释甚至再解释，是为了更好地追求真理，是追求灵命成长的表现。当然，有时也会表现出一些不愉快，但是多数会说"感谢主"，然后便会进入下一个议题，这被人们视为一种相互认同的表现。

乡村基督徒相互之间的交通内容[1]，主要表现为两个方面：一种是过去苦难的记忆，其目的是展示自己信主前生活在黑暗的地狱里；一种是生活中发生的"神迹"或"恩典"，为的是荣耀主，为主作见证。苦难的叙事和恩典的叙事，有助于激发共同的宗教情感，有的时候说到动情处，甚至会潸然泪下，而其他信徒也会不间断地插入"感谢主"这样的话语，遇到其他信徒在讲述经历沉重苦难时，说到当时的痛苦、无奈和绝望时，信徒有时也会跟随流泪。现世生活的苦难叙述，一般而言，只会在其他教友在场的情况才会成为可能。比较有意思的是，在陈村教会，绝大多数基督徒都是在肉体或心灵遭遇重大危机时才皈依基督教，因此，对于苦难的记忆非常容易激发其对原初共同经历的回忆。

再比如，"预备"这一词语表达基督徒对于未来即将发生事件的良好愿景。信徒希望找到好工作，会说"亲爱的天父上帝，孩子满心感谢赞美你，求你赐我聪明智慧能力，为我预备一份满意的工作"；信徒希望将来的某个时间去探访某人，会说"求主预备时间，到时候可以前来"；信徒希望子女遇到好老师，学习成绩变好，会说"求主赐给我孩子聪明和智慧，为她预备好的学校和负责任的老师"；信徒希望亲友病痛痊愈，会说"求主预备聪明的医生和管用的药，让她（他）尽快康复"。

在与基督徒接触一段时间后，还会听到诸多其他宗教语言。在基督徒祷告的时候，经常都会听到"感谢主（神或上帝）"，这一语词蕴含着基督徒强烈的宗教情感，是基督徒在遇到顺境时的一种话语表达，例如自己或亲友疾病的康复，外出亲人一路平安，一年的庄稼获得丰收，儿女孝顺或小孩听话，等等。"恩典"，常常蕴含着个人是如此渺小，根本不配白白领受如此丰盛恩惠的意思。当基督徒在言说恩典的时候，其意涵往往比说"感谢主"有着更深的情感，例如家里新添男孩或女孩、自己或亲友疾病的康复、遭遇意外事故的平安、孩子进入好的高中或大学、子女找到好的对象，等等。

---

1 在实地调查过程中，他们有时并不认为自己是在接受调查，而是认为自己在和一个年轻的弟兄（我）交通。

对于基督徒来说，是神迹的事情。在普通村民眼里，这些事件的发生，多数是因为"运气好"、"赶巧了"、"刚好发生了"。此外，陈村教会的信徒还有很多其他宗教话语。在教会里面做义工，被称为"事奉"或"同工"，是在"为主做工"。在聚会点讲述自己的感受或心得被称为"分享"。村民选择皈依基督教，一般不会称自己如何选择信仰基督教，而是因为某件事情"为主拣选"。基督徒按照自己的心愿给教会捐钱，一般会被称为"奉献"。基督徒因为各种原因没有积极参加教会组织的各项活动，被称为"软弱了"，而基督徒积极参与教会组织的各项活动，并且按照教义规定做事情，被称为"有信心"。此外，"罪人"、"义人"、"顺服"、"得着"、"大能"、"信实"、"神迹"、"异象"、"医治"、"释放"、"忍耐"、"盼望"、"患难"等都是基督徒经常使用的宗教话语。

5.1.2　殷勤不可懒惰：以生产生活为场域

对豫东农村基督徒来说，基督信仰的规范和法则已经被逐渐内化，并指导和约束着个体的行为，用地方基督徒的话来说便是选择一种"荣耀主"的生活方式，而基督徒家中无处不在的标题为"荣神益人"的挂画或对联则从另一个方面折射着基督徒生活的目的。"荣神"，简单地理解，是基督徒所做的事情其终极的目的都是荣耀神，"我不求自己的荣耀，乃是求那差我来者的荣耀"[2]，而假冒为善者是短视的，因为他们往往看自己的荣耀过于神的荣耀；"益人"，便是做有益于人之事。那么，作为基督徒，便需要在日常生活中按照《圣经》启示指导自己的行为，并让自己在信心、行为等方面都作别人的榜样。我们在如此表达时，也会面临一种新的困境，那就是普通村民并不会认为基督徒所行的事情可能会成为他们学习的榜样，因为在他们看来，这些主要由世俗意义的"老弱病残"的女性村民为主构成的群体更多的只是追求一种属世的平安。

殷勤工作，不可懒惰，是每一位基督徒应该遵守的准则。《圣经》中有很多的经文劝勉每一位基督徒要分外殷勤。例如：

> "你们要分外的殷勤。有了信心，又要加上德行。有了德行，又要加上知识。有了知识，又要加上节制。有了节制，又要加上忍耐。有了忍耐，又要加上虔敬。"[3]"所以弟兄们，应当更加殷勤，使你们

2　《新约·约翰福音》8：50.
3　《新约·彼得后书》1：5-6.

所蒙的恩召和拣选坚定不移。你们若行这几样，就永不失脚。"[4] "殷勤不可懒惰。"[5] "手懒的，要受贫穷。手勤的，却要富足。"[6]

懒惰是人的天性。然而，对每个基督徒来说，懒惰却是一种罪，既包括肉体的懒惰，也包括属灵的懒惰。在农村地区，不论是信徒，还是非信徒，懒惰都被视为某种罪的具化形式存在。《圣经》中有很多故事，是对懒惰者难以进入天堂的比喻，例如"十童女"的比喻[7]和"国王"的比喻。[8]在陈村教会，殷勤是教会宣传的主要德行，而大部分信徒也保持着殷勤的品格。从调查结果来看，大部分信徒保持着早起的习惯，而且田地的作物照料地比较好。下面我们来看看张涛的故事。

张涛，在丈夫和儿子外出后，就需要一个人料理家里的耕地，还需照料刚年满一岁的孙女儿和瞎眼的婆婆。家庭生活的重担压在她一个人身上，然而，她认为这并不是坏事，"怎么过都是过，为什么不选择勤快生活呢"。2012 年 7 月，一场大雨给当地农作物蒙上了一层阴影，很多地势较低的耕地遭受损失，有的耕地几乎绝收，有的耕地则损失过半。张涛家的耕地主要种植玉米，虽然不属于地势最低的耕地，但大片玉米已经死亡，之后很多野草如雨后春笋般冒出来。不论是有作物的地方，还是没有作物的地方，张涛都进行了很好的护理，"这些今年没有庄稼的地方草会长得更快，还会影响明年的玉米生长"。我便问询既然已经没有任何作物在地里生长，为什么不通过打除草剂的方式来解决问题。她认为，如果可以通过加班加点的方式，还是不要通过打农药的方式去处理。因为她认为喷洒除草剂对耕地的质量不太好，可能会影响以后的收成。勤劳，是中华民族的传统美德。但是，在现代农业技术成为一种支配话语的时候，很多农民开始相信通过化肥，农药这样的方式便可以提高肥力，减少杂草，增加产量。而张涛仍然坚持着相对传统的种植模式，尽管这样的种植模式会影响耕地的产量。

---

4 《新约·彼得后书》1：10.

5 《新约·罗马书》12：11.

6 《旧约·箴言》10：4.

7 《新约·马太福音》25 ：1-13.

8 我们日常经常说的经济学词语"马太效应"便是来源于此。

与其他农村教会一样，陈村教会也有所谓的"懒人"。郭明月便是这样的一个"懒人"，但她参加教会活动却非常积极。然而，在农村社区，即便一个信徒信心很大，参与活动非常积极，如果没有把主要时间用于维持生计的生产劳作，仍会被认为是一个负面的典型，这从其他村民 "整天没事做，就是瞎跑"、"她家人都看不起她，谁也不给她钱" 的评价便可看出。而执事也认为"郭明月信教信邪了"、"她不好好劳动"、"这让不了解情况的人认为信主的人都懒"。郭明月并不认为自己懒惰，而是认为自己在通过另外一种方式为主做工。在访谈时，她边讲边唱：

> "神创造了太阳，太阳光照在地上，照在菜上菜就长大了，人就有吃的了，就活下来了。神把肉体生命都给你了，他咋不保佑你啊？咱都是他的儿女啊，他在十字架上用血把我们保护起来，父母再好也不会用生命这么保护你吧？"……

当言及神圣生命也需要肉体生命支持，也需要世俗经济活动维持一种体面的生计时，她再次开始讲述关于神的事情，似乎总想逃避其世俗生活中所遭受的来自家庭、邻里和村庄的责难，因为"不劳动"、"懒"、"瞎跑"都是一种带有污名的标签。在农业生产之外，尽管人数不多，但客观存在着这样的人群，他们因为教会的需要而暂时放弃了外出务工的机会。执事赵丽娟，便是因为为主做工的缘故，而放弃在县城打工的机会。

> 赵丽娟是会计，也是执事中头脑反应最快、文化水平最高的人。因为儿子年龄渐长，需要重新修建住房，她不得不为了家里的生计而去县城找了一份裁缝的工作，每个月可以获得1800元的收入。当时，她通过调整上班时间的方式，例如把白班调整为夜班，以此来履行自己在教会的职责。但在半年之后，经常会因为精力不集中而在教堂睡觉，从而在内心深处隐隐地不安。后来，在外出县城工作一年后，她便放弃了县城的工作回家种地，照料女儿，为主做工。当然，事件背后的原因却不仅限于教会的工作，而是一系列因素的协同作用，例如新农村建设的关系，村庄准备统一规划，个体农户修建房屋的行为是不被允许的；女儿并不能完全适应在县城上小学的生活，最终选择回村庄小学上学，她需要天天为女儿做饭；丈夫外出务工，家里的耕地需要她自己一个人打理；等等。

在农村地区，还经常会听到张村信主的某某每天早晨出去晚上回来，李村信主的某某连续半个月出去跑没在家，王村的某某又出去"旅游"[9]了，赵村的某某到某个地方传道去了……毫无疑问，这样的人群，都是真实存在的人群，这样的事件，都是真实存在的事件。然而，他们的行为并非是一种值得鼓励的行为，因为他们的行为已经开始影响到农村地区正常的农业生产活动和人们维持生计的基础，并开始成为部分家庭不稳定的诱发因素。

在信徒眼中，懒惰是一种罪，而且懒惰经常与贫穷联系在一起。尽管《圣经》中有很多关于殷勤和懒惰的经文，但对于平信徒来说，他们能说出来的非常少，"殷勤不可懒惰"[10]、"手懒的要受贫穷。手勤的却要富足"[11]就是他们经常说的话语。

> "你要殷勤，不要懒惰，懒惰的人，一定会受贫穷，神，一定会惩罚你的。神，不让积攒钱在地上，而是要积攒钱在天上，天上没有虫子咬，你要啥就给你啥，你在地上的时候是暂时的，你有再多的钱，最后也带不走的。"

> "神说，不可以贪，有衣有食就当知足。神给你双手，让你殷勤不可懒惰。上帝希望我们用自己勤劳的双手创造所有世界上的一切。上帝有上帝的祝福，上帝藉着庄稼，给你带来了收入，祝福你多卖点儿钱，上帝藉着你殷勤的劳动，给你带来了收入。"

> "信主你不能想着一帆风顺，想要什么就有什么，那是不可能的，你必须要勤劳，不能懒惰，勤劳才能致富。信主之后，懒惰的人少了。"

对信徒来说，"殷勤不可懒惰"是一种内在的精神品质，那么对于非信徒呢？与信徒之间会有明显的差异吗？从我过去在农村调研的经验和豫东农民的表述中，我们可以发现，"勤劳致富"是人们普遍接受的价值观。在物质条件相对匮乏的乡村，农民们日复一日，起早贪黑地辛勤劳动，尚且难以保证自己过上好日子，更何况还想偷懒呢？不信教的村民对于村庄的懒汉同样嗤之以鼻，尽管他们没有使用一些宗教语言来表述，但是"地里的庄稼都黄了"、"草长得比庄稼都快高了"、"每天没事净是打麻将，老祖宗的脸都丢光了"、

---

9 村民对于外出传教信徒的一种讽刺性表达。

10 《新约·罗马书》12：11.

11 《旧约·箴言》10：4.

"有点儿钱就吃吃喝喝，怪不得受穷"等话语无不透漏着他们对懒惰的厌恶。在乡村社会，能吃苦能干活的人仍然是村民愿意交往的人，也是村民佩服的人。换句话来说，他们根本没有偷懒的资本。再次回到我在"记忆中的田野"部分的困扰，村民不论是否信教，他们在日常生活中看起来并没有什么区别，换句话来说，信教与否并不会从根本上改变他们的经济态度。

5.1.3　行为禁忌：以"拜偶像"为表征

宗教禁忌本质上是人们信仰和崇拜神秘异己力量和神圣对象的一种宗教行为，其本质是"神灵观念"（金泽，1998：53），涉及语言禁忌、行为禁忌、饮食禁忌三个方面（唐丽沙，2010）。在《圣经》中有一句话颇有代表性"凡事我都可行，但不都有益处；凡事我都可行，但无论哪一件，我总不受它的辖制[12]。"荣神益人是信徒言行的总则。在具体行为上个人有做出选择的主动权。因此，禁忌会因不同教派、不同文化习俗等导致不同着重（包智敏，2001）。"摩西十诫"在基督教信仰中具有教义和道德的指导性，我们可以先从禁忌的角度来看"十诫"在当地的有关教导[13]。在陈村教会的具体情境下，禁忌在基督教信仰中并不是特别重要的内容，而且基督教还没有形成一整套外在约束规范信徒信仰生活的清规戒律。

我们从饮食禁忌、语言禁忌和行为禁忌三个方面来进行阐释：

首先，在饮食禁忌方面，《圣经》中关于饮食禁忌的规定比较少，主要是对于"血"的禁忌。但在陈村教会，当我提及信教与不信的村民在饮食方面有什么差异时，信徒的回答几乎都是一致的，他们认为村民信教与否饮食习惯都没有什么差异，而教民们也很少会关注饮食禁忌这样的事情。基督教的禁欲思想在当地几乎没有任何影响，也没有信徒会选择某一个周期性的时间禁食来灵修。他们对于饮食禁忌提及较多的便只有"饭不能和了"[14]。然而，这种行为在农村地区很普遍，农村人很少会有吃饭浪费的现象发生，换句话来说，这种禁忌与是否信教没有直接关系。

其次，语言禁忌在诸多禁忌中扮演了特别重要的角色，这不仅在于"语言避讳"的普遍存在，而且许多交际和日常生活的禁忌与语言载体也有着千

---

12 《新约·哥林多前书》6：12.

13 关于"摩西十诫"的具体内容，详见《旧约·出埃及记》20：3-17.

14 豫东方言，意思是"信教的人吃饭的时候不能浪费，不能把吃不完的饭菜倒掉"

丝万缕的联系（施晓伟，2006）。相对穆斯林在日常生活中的诸多语言禁忌，乡村基督徒的语言禁忌并不明显。教民理解的语言禁忌，主要是"不说冒犯主的话"、"不说脏话"、"不说别人的闲话"等。

第三，在行为禁忌方面，教民说的最多的就是"不打人"、"不骂人"、"不偷人"、"不搞不正当男女关系"，但这种行为禁忌与普通村民之间并没有什么差异，换句话来说，他们口中的行为禁忌其实就是传统文化对于乡民的行为禁忌，是一个人遵守乡规民约的正常表现，与是否信教无关。真正构成教民与非教民区隔的是"敬拜偶像"，换句话来说，是否敬拜偶像成为信徒与非信徒之间的明显差异。下文我们将会详细地表述信徒眼中的"拜偶像"，对于很多非信徒来说，他们在接受多年的无神论教育之后也将村民"烧香磕头求观音"的行为认同为"迷信"。

看相、算命、占卜和占星术（星象学）等行为为基督徒所禁止，因为这些行为除了相信上帝干预世间的神秘力量外，还带有一种宿命论倾向。基督教认为，每个人都是上帝所爱，都有自己的意志选择权，上帝不强加意志给人，而让人自愿选择人生道路，每个人又当为自己选择的行为负责，此类迷信活动与此背道而驰。当基督徒遇到自己难以处理的事件时，他们多数会向主祷告，求主为自己预备，因为耶稣说："我就是道路。"[15] 耶稣又应许说："你们祈求，就给你们！寻找，就寻见，叩门，就给你们开门。"[16] 基督徒相信他们只要诚心祷告，他们的祈求就会得到主的应许，即使当时的祈求没有得到应许，基督徒也会继续坚持，那是因为凡事都是神的美意。在实地调查中，很多基督徒均表示，看相、卜卦、算命这样的事情都是骗人的谎言，并不足以为人信。信徒李小梅便以她所在村庄的算命先生为例，来证明所谓的算命先生，其实根本没有什么真才实学，都是一些好吃懒做的人看了一些八卦什么的书籍，然后便招摇撞骗。不过，他们经过长年的实践，逐渐也悟出一些观人术。为了更加深入地了解算命先生算命的过程，我也曾在张爷庙蹲点三天，并查看算命先生如何算命。

在调查过程中，当我提及算命是否灵验时，受访者首先的反应，都是"哈哈一笑"。他们对一位博士还信算命的事情有些不理解，可以看出村民已经普遍接受"算命"是一种迷信行为，而且"十算九骗"，都是一种"忽悠人的事

15 《新约·约翰福音》14：6.
16 《新约·马太福音》7：7.

儿"。在张爷庙，每逢初一十五，就会有多名算命先生现身，然后摆着八卦给往来的人算命。当然，"印堂发黑"这种经常在电影、电视里出现的场景并不会出现，因为地方并不允许他们说这样的话。然而，找他们算命的人虽不能说络绎不绝，却也断断续续有些"顾客"。中国老百姓"宁可信其有，不可信其无"的心态是算命这一行业长期存在的重要原因。

基督教禁止拜偶像，因此在陈村教会，拜偶像是被绝对禁止的行为。在圣经中，有很多关于禁止拜偶像的经文。在田野中，我发现很多农村基督徒都可以很详细地背诵出部分经文（当然未必都会是原话），例如：

> "外邦的偶像是金的，银的，是人手所造的。有口却不能言，有眼却不能看，有耳却不能听，口中也没有气息。造他的要和他一样，凡靠他的也要如此。" [17] "一个人不能事奉两个主。不是恶这个爱那个，就是重这个轻那个。你们不能又事奉神，又事奉玛门。" [18]

> "你们岂不知不义的人不能承受神的国吗？不要自欺。无论是淫乱的，拜偶像的，奸淫的，作娈童的，亲男色的，偷窃的，贪婪的，醉酒的，辱骂的，勒索的，都不能承受神的国。" [19]

> "就如奸淫，污秽，邪荡，拜偶像，邪术，仇恨，争竞，忌恨，恼怒，结党，纷争，异端，嫉妒，醉酒，荒宴等类，我从前告诉你们，现在又告诉你们，行这样事的人，必不能承受神的国。" [20]

乡村基督徒认为烧香拜佛的人都是拜偶像，观音菩萨、张爷、关公、毛泽东[21]等被说成是"邪灵"，拜偶像的行为并不能真正给个人和家庭带来平安：

> "你说这个拜偶像吧，他们把泥胎往那儿一搁，有嘴不会吃，有手不会拿，有脚不会走，有眼不会开，有什么用啊，都是泥捏的东西，要是不小心沾上水，颜色都没有啦。人们都在拜观音，观音也是一个披着羊皮的狼，拜她有什么用。"

> "烧香磕头都是没用的，他们都是拜偶像，去张爷庙祭拜也是去拜偶像，张爷是古代一位将军，他本来就是一个历史人物，后来

---

17 《旧约·诗篇》135：15-18.

18 《新约·马太福音》6：24.

19 《新约·哥林多前书》6：9-10。

20 《新约·加拉太书》5：19-21。

21 在豫东农村地区，存在着广泛的毛崇拜，很多人将毛等同于神，并且会在生活中遭遇疾苦时祈求敬拜。

的人却把他当成了神，其实没有什么用。很多时候，他们拜的那些人，都是历史人物，经历的时间长了，他们就当神拜了，其实都是不灵的。"

"圣像就是一个木头，你给她起个名，就是神仙了，都是人起的名字。人造的，她能灵吗？泥捏的，不一定可信的。拜偶像都没有用的。拜毛主席，这个谁也不反对，因为他让全国人民过上好日子了，这都是感谢他。"

从信徒表述中，我们可以发现，乡村基督徒认为烧香磕头的行为都是拜偶像，都没有用。但是他们对于"拜毛主席"表示可以理解，但是并非从"灵验"的视角来看待，而是从毛主席对于新中国的伟大贡献来理解的。他们对于拜偶像的行为是绝对禁止的，也是见不得的，很多信徒还会花时间去劝说拜观音的人信耶稣，不要信"人捏的泥胎"。这从侧面反映了，在农村地区存在着"佛耶"之间争夺信徒的冲突。同时，也有信徒认为："不论是信主的也好，信观音的也好，信则有不信则无，信仰没有对错。世界上的人都可好，信啥都好，只要不做坏事，看人要看别人的优点和长处，不要看人的缺点和短处。"

5.2 家庭内部：角色调整与关系变化

5.2.1 家庭分工与角色调整

家庭分工，是指家庭内部不同成员之间家庭生计、家庭事务、家务劳动方面的分配和安排。家庭成员在家庭活动中所扮演的角色也被称为家庭角色。在中国传统社会中，将社会与家庭工作范围分为"公"、"私"、"内"、"外"四个领域，"男主外，女主内"、"男主公，女主私"这种二元对立的性别分工模式一直是家庭分工的主流模式。男主外，女主内，男人挣钱，女人持家的家庭角色分工模式是建立在深厚，渊远的男权意识基础之上的，并且这种意识背后有一整套完整的社会制度做支撑。在这种宏观性别文化框架下，女性被迫成为男人的附属品[22]。本书关注的内容并非农村的家庭分工模式如何，家庭内部的决策机制如何，而是信仰基督教对于基督徒固有的家庭角色和家庭

---

22 因为陈村教会 90% 左右的信徒是女性，因此在家庭分工中探讨女性的角色和地位便显得比较重要。

决策是否有影响，换句话来说，一个有信仰的农村个体在家庭决策方面与一般家庭相比有什么不同。

在工业不发达，耕地资源有限的平安县，单纯通过发展农业已经很难维持一个农户家庭的正常需求，因此当地农户一般会采取一种多元化的生计策略，用以更好地维系和改善生计水平。生计策略可以被定义为家庭及其成员所采取的活动组合选择，以维系、保障和改善他们的生计（Chambers，1992）。与众多中原村庄一样，打工经济已经成为地方最主流的经济发展模式。在研究社区，村民们总说，"现在能出去的都出去了，留下的都是因为各种事儿出不去的，像身体不舒服没法打工的，家里有小孩上学需要照看的，老人身体不好需要照料的，留在村里的都是没条件的"。当然，实际情况与他们表述的差不多，贫穷落后早已成为乡村的代言词，"城市信仰"（张玉林，2013）已经开始支配着每一个农民的内心，他们无不希望子女将来有机会在城市有一份稳定的工作，不再像自己一样面朝黄土背朝天。对于乡村基督徒家庭来说，他们的家庭分工又如何呢？与非基督徒家庭是否存在差异呢？

在田野工作中，我详细了解了受访对象家庭成员的工作情况，涉及家庭成员前一年所从事的工作、从事农业生产的时间、是否外出务工、外出务工地点和行业、外出务工收入。当然，如果家庭成员没有外出务工，也会调查是否曾经外出务工、外出务工前后的时间、回家不再外出的原因，等等。从田野工作日志可以看出，基督徒家庭很少会有因为家庭某一成员信仰基督教而改变家庭生计策略的现象发生。

对调研社区的农户来说，他们生计策略的调整相对比较简单，一是在外出务工与作物种植之间进行选择，二是调整农业种植结构，主要表现为水稻、玉米、莲藕之间种植面积的调整，或者租种其他农户的土地以增加作物种植面积。在农业女性化、老龄化的背景下，这种现象在短期内很难发生改变。下面我们通过几个基督徒的故事来更好地了解他们家庭的生计策略。

> 王珍珍，王村人，现年51岁，家里一共五口人。丈夫56岁，在北京建筑工地打工；儿子26岁，现在甘肃打工；儿媳妇22岁，结婚前和儿子一起在甘肃打工，现在家照看小孩。2007-2008年，王珍珍曾与本村村民一起到北京打工，主要是种植草坪，此前她没有外出的经历。因为奥运期间需要大量种植草坪的劳动力，所以当时县镇一起组织各个村庄的村民，并将他们统一送往北京的打工地点。

奥运会结束之后，她便回家种地。2013 年，她共耕种 7 亩玉米、0.5 亩花生和 2.5 亩黑绿豆，其中有 3 亩耕地是租种他人的耕地。

崔莉莉，女，41 岁，年轻的教徒，信主 4 年。她家里一共 5 口人，丈夫 39 岁，在内蒙古建筑工地打工；婆婆 77 岁，一般在家做饭；女儿 16 岁，在县城读高中；儿子 12 岁，在县城读小学。为了让子女接受更好的教育，她从小就把孩子们送到县城上学。因为需要照顾一家老小，她也没有办法外出打工，而是专门在家种地，从 2011 年开始尝试种蒜来增加收入。

我们从上述基督徒的故事可以看出，她们与非基督教家庭一样，家庭的生计策略都是采取男性外出务工，女性在家务农的生计模式，尽管王珍珍曾短暂外出务工，但这是短期行为，并没有从根本上改变家庭主要劳动力的性别分工模式[23]。她们的家庭分工并未因信仰基督教而发生改变。这里或许会涉及到一个问题，参与基督教的活动会占用信徒的一部分时间，这样就可能会影响他们正常的劳动时间。因此，在田野工作期间，我也曾专门就此问题访谈了信徒，而他们几乎都会认为，两者之间不会有什么冲突。

农村基督教为人诟病的一点便是，"他们经常会因为参加聚会，而耽搁家里的事情，耕田也荒芜了，孩子和老人也都没人管了。"从实际情况来看，这对很多基督徒来说是极大的误解。我们不可否认，确实有少数基督徒每天走家串户地去传教或论道，而忽视了家庭中很多自己原本应尽的责任，但这部分基督徒人数很少。当然，基督徒之所以被污名，还有一个重要的原因，就是非基督徒并不了解基督教，他们将宗教异端等同于基督教。赵丽娟告知了我当地假基督的泛滥：

"他们搞活动的时候都是关着门，瞎眼的、腿瘸的、不得劲的他们都不要，他们光要年轻的。基督耶稣都是拯救人，主怜悯穷人，主啥人都要。邪灵也了解圣经的事情。到处发传单，因为是邪灵，到人家，吃人家的喝人家的，让信他们的道他们住在外面，也不管家里的地里面是不是有草，他们都在说，世界末日快来了，主的审

---

23 我们在此并没有讲述关于男性基督徒的故事和老年基督徒的故事。这是因为，教会几乎没有年轻的男性基督徒（在整个社区，年轻的男性村民都极少），为数较少的男性基督徒也都上了年龄，早已过了外出务工的年龄，只能在家种地而已。而对于那些年老的女性基督徒来说，在乡村家庭男性普遍比女性年长的背景下，她们要么丈夫过世，要么就是丈夫也无法外出务工。

判即将到来，只有信主的人才能脱离主的惩罚，家里啥都不管。神
赐给耕地，地里的庄稼需要管好；神赐给孩子，要照顾自己的孩子；
神赐给了丈夫（妻子），家里的事情需要处理好，处理好自己的事情
再去教会荣耀神，不要污神的名。邪灵，光说神迹（灵粮派），假先
知，假基督只能显当时的神迹，主二次来的时候，主毁灭世界的时
候，神的儿女都被主接走了。"

在农忙时节，很多乡村的礼拜活动都会暂停，有的教会虽然活动并未暂
停，但是参与活动的人数却也寥寥无几。一般而言，周日参与教会主日崇拜
的信徒仅占教会总人数的三分之一左右，有的教会甚至只有四分之一左右。
在平安县，县基督教两会曾经统一协调各个乡村教会，并在每年秋季（一般
是九月份）专门有35天的秋假，在此期间，教会活动暂时停止，以免耽搁信
徒们正常的农事活动。陈村教会并没有在此期间暂停福音工作，而是照常进
行，然而从参与教会活动的人数便可以看出，每次人数在30-40人之间，很多
信徒都是优先家里的农活而暂时停止了参加聚会。在田野中，很多信徒都表
达了自己农事活动优先聚会的想法：

"现在全部都是义务，该种地还是种地，到时候教会就放假了，
农忙的时候大部分教会就停止活动了，有的教会不放假，俺们教会
穷但没有放过假，但是当时一般人数都比较少。"

"有时候因为家里事情太忙，就不去参加家庭聚会了，但是每
个星期都会去教堂参加礼拜活动，刮风下雨的时候也会去的。一般
情况下都是自己一个人骑自行车去教堂，有的时候也会跑着去教堂，
回来时就会蹭车，看看谁有电动车蹭车回来的。"

"信主不影响干农活，农忙的时候也要先干完活，不能把庄稼
让草吃了。聚会不能影响干活。忙的时候就不去。主知道我很忙，
是不会怪罪的，反而会保佑我。冬天去教会的人数比较多。秋天人
数最少，因为在农忙的时间根本没有时间去教会做礼拜。教会是一
个大家庭，自家是一个小家庭，先管好小家才能管好大家。"

我们单单从参与教会活动信徒的数量便可以看出，信徒一般都是优先于
自家的事情，然后再去参加教会的活动。教会活动如此，那聚会点情况又如
何？我们还是以范庄为例进行简单说明。范庄聚会点一般会在周三和周五下
午聚会，如果赶上农忙则会改为周三晚上和周五晚上聚会。

　　一直以来，农村家务劳动的重担都是由妇女承担，例如洗衣做饭、房屋清扫、小孩照料等。村民皈依基督教之后，家务劳动分工并没有发生明显改变，在农村虚空化的背景下，在男性离土外出的背景下，这一情况似乎很难得到改善。家庭策略可界定为家庭面对社会变迁时所采取的应对措施，被解释为家庭及其成员的决策过程和时机，如何时让孩子离家谋生，何时更换住所，何时控制家庭规模实施节育措施等（潘鸿雁，孟献平，2006）。下面我们以执事张蕾的故事来说明信教对于家庭分工与决策的影响。我们来看看张蕾的故事：

　　　　"当家的出去打工以后，就留下我一个人在家种地、洗衣、做饭、看小孩。他刚出去的时候，三个小孩都还小，都是我一个人照顾。当时我也会觉得，什么事儿都需要自己一个人去做。我上学比较少，小孩学习根本都没有办法辅导，而且小孩成绩也不是特别好。所以，我想着，他们能读到什么程度便读到什么程度，家里尽量让他们上学。现在小儿子在读高中，他中考成绩不是很好，没有办法进入县重点高中，现在报了县三中的平价生，高中毕业之后，将来再想想上什么学，也可以和袁牧师联系一下，看看是不是将来有机会去神学院读书，这些都要看主的恩典。现在小女儿也在读初中，我经常催促她好好学习，将来有机会读个大学，但是她一回家就玩，暑假也不怎么写作业。家里的条件不是很好，我们都是一直在吃苦，总想着他们将来可以过得比我们好一些，现在农村想做什么事情都做不了，没有什么出路。孩子学习和工作的事情，我们现在担心都没有用，所以其实也谈不上家里人商量不商量的，如果孩子自己做主，我们也不用操心，如果孩子自己不当家，我们操心也是瞎操心，起不了什么用。"

　　　　"大儿子已经快到结婚的年龄了，他婚姻的事情，现在主要都是小孩子自己说了算，大人只能是参谋一下。从前都是父母之命媒妁之言，现在时代不一样了，他们都有了自己的主见。他自己能谈到朋友当然不错，如果自己在外面谈不到的，我们还是找找媒人去说亲。我们当然都希望儿子能和信主的人结婚，但是现在都很不容易。男孩结婚本来就需要很多钱，需要先修房子，还需要好几万的彩礼，我们家里条件都算一般，只要能娶到儿媳妇就不错了呢。"

"家里种地的事情，在当家的出去打工以前，买种子、化肥、农药都是他去，他出去打工以后，家里的农活主要都是我来管。一开始，我都是什么都不知道，该买什么化肥呢，庄稼有病了打什么农药呢，这些都不知道。那就是给他打电话，问问买什么比较合适，去哪儿买比较省钱。有时候也会问问街坊邻居，因为每家种的庄稼都差不多，买种子、化肥、农药的时候，都互相商量的。这几年，家里种地的事情都是我自己拿主意。因为最近几年以来，家里的地都是我一个人在种着，忙不过来的时候就找教会的姊妹帮忙，实在不行就雇个人。有时候我也在想着，给他打电话也没用，他在外地打工呢，家里的这些事情打电话也说不清楚。现在农村也都方便了，村里就有农资店，玉米、小麦、稻子什么的，都有人专门到村子里来收，也不像过去，还需要雇个车到乡里去卖，现在在家门口就可以了。地里的庄稼想种什么种什么，不过有时候也由不得自己，种水稻的地一大块都是水稻，种玉米的都是玉米，种莲藕的都是莲藕，所以现在一般都是大家商量好的，别人家都是水稻，只有你家种玉米，到时候也成活不了不是。卖了庄稼的钱，都是我自己存在信用社，该用的时候再拿出来用。"

"以前村里成立了合作社，统一种植无公害大米，我当时觉得不错，也就跟着种了，这些也不用和当家的商量，街坊邻居都种什么，自己跟着种种就可以了呢。当时合作社还在搞食用菌种植，但是以前大家都没有种过，也没有人懂技术，我想着风险比较大，所以也就没有去尝试。所以，这几年庄稼种来种去就是那几样。一个人照顾家里当然会觉得比较累，但是当家的在外面打工更累。"

"家里这几年没有发生什么大事，唯一的大事儿就是2009年重修了房子，因为儿子大了嘛，现在结婚都想要县城的楼房，家里买不起楼房，就想着在原来的宅基地上重新翻建一个房子用作他们的新房。修房子的事情是我提出的，因为儿子年龄大了，儿子结婚以后，当父母的才算尽到义务了。修房子需要八九万，当时家里没有什么钱，都是我找娘家的弟兄姊妹们借的钱，因为当家的自己就是搞建筑的，房屋的设计什么的都是他说了算。现在农村里，每年也攒不到多少钱，每年挣到的钱，除了种地开支，孩子上学的费用，家里乱七八糟的事情和人情开支之外，似乎也没有什么闲钱。前几年修房子花了的钱还是去年才还完的，所以根本就没有什么钱可以存款，就算有点儿闲钱也不敢投资，儿子都已经不小了，很快就要结婚了，根本不敢乱花钱。不过这几年，家里的钱一直都是我在管着，每年过年的时候，当家的挣的钱全部上交给我，儿子赚的钱都是他自己管着，我们也不问他要。"

"家里一般也没有什么大事儿。当家的在外打工，我在家种地，他操心外面的事儿，我操心自家的事儿，再说他在外面也不了解家里的情况。有时候，我们也说不上家里的事情谁做主的问题。很多事情都可以自己做主的，小孩上学的事情我们商量也不管用，要看小孩自己的本事，我们文化水平都低，也辅导不了他们，现在谁都希望自己家的孩子能上大学，出去都比在家强很多。村里的人情谁去都是一样的，该走的还是要走的。"

我们从张蕾的故事可以看出，在丈夫外出务工之后，她开始独自在家承担农业生产、子女照料、人情往来等事情。在过去，"男主外，女主内"的社会性别模式曾经固化了女性在家庭中的社会地位，并且导致了女性在经济方面过度依赖男性，具有角色的不完整性。丈夫外出务工之后，她的角色发生了鲜明的变化，她独立承担家庭的农业生产劳动，提高了自己在家庭经济收入方面的贡献，并且因为丈夫的不在场，客观上为她在诸多事情上决策提供了可能[24]。当然，在这个故事中，我们并没有太多地看到张蕾作为基督徒对于家庭分工的影响，而且客观上其影响也比较小。陈村教会在家庭夫妻关系角色定位中选择了"你们作妻子的，当顺服自己的丈夫，如同顺服主。因为丈夫是妻子的头，如同基督是教会的头，他又是教会全体的救主。教会怎样顺服基督，妻子也要怎样凡事顺服丈夫"[25]这段经文，以鼓励信徒的顺服。女信徒并不会选择去挑战丈夫在家庭中的地位，而是选择顺服自己的丈夫。然而，农村男性普遍外出的今天，却客观上为女性提供了一个自己掌控村庄资源的

---

24 在她的故事中，我们没有太多提及人情往来和村庄公共事务方面的角色，其原因主要有二：一则，本书有专门部分阐述人情往来，且人情往来并不是家庭成员自己的事情，而是家庭作为整体的事情；二则在陈村周围的诸多农村，并不存在村民参与的公共事务管理，而仅有的村民换届选举也都流于形式，村民只是仪式性地在上面划勾。

25 《新约·以弗所书》5：22-24.

机会，并在某种程度上增加了自己在家庭中的话语权。我们不能忽视的是，妇女在对家庭经济贡献增长的同时，却始终难以改变其外出丈夫收入更高的现实，换句话说，男性对于家庭经济的贡献仍然远远高于女性（梁振华，齐顾波，2013）。

在社会转型加速发展期，一旦家庭做出丈夫外出打工的决策后，这种分工模式必将发生变化，妻子将填补丈夫外出后留下的角色缺位，并自始至终独立地承担起几乎全部的农业生产和全部家务劳动，成为包括农耕及家务在内整个劳动过程的主要完成者。形式上依然是男在外，女在内的模式，但夫妻性别角色各自管辖的领域以及掌握的资源已大为改变。丈夫外出打工的收入是家庭的经济支柱，全家的重大消费，如子女教育、盖房、娶媳妇等都要依赖它，丈夫在家庭中的工具性作用不可取代。

尽管如此，丈夫只是现金的提供者，却不一定是现金的使用者和消费的决定者，他们会自觉地将家庭财务管理大权让出来，由妻子掌管或夫妻共管，面临重大开支时，两人商量决定，至于日常生活的开支，则由妻子支配，因为家里经常需要用钱。在处理关系到家庭整体利益的大事上，一般都是夫妻共同决定，略向妻子倾斜。如盖新房，两人共同决定，男人负责购买建筑材料，找工程队，监工等；妇女负责做饭，烧水等后勤工作；婚丧嫁娶，妇女一般操心多一些；涉及购买一些大型家用电器时，妇女一般等到春节与丈夫团聚时同去，以妇女意见为主；在处理对外的大事上，也就是村里的大事，一般也以妇女参与为主。

这就打破了农村妇女传统的性别角色，妻子成为家庭的轴心。无论是在家庭中，还是村里的公共事务中，其权力地位都明显提高。妻子控制了相对较多的资源，取代了丈夫在农业生产中的重要地位，以及与此相关的事务，诸如到市场上买化肥、种子、农药，决定农作物的种植结构等；以及取代丈夫参加村里的一些公共活动。这无疑使妇女走出了家门，走出了封闭的村庄，进入市场，走入公共领域，培养了独立自主的意识，提高了决策的能力以及对社会的参与度。

然而，传统的社会性别观念深植于一个人的内心，这不是资源、交换理论所能代替的。妻子承担家务劳动的观念在农村家庭中依然盛行，此外妻子还要抚养孩子，照顾生病的老人，这在进入而立之年的家庭中尤其明显。但这并不像一般观点所认为的，家务劳动承担多的一方在家庭中应是处于相对无权的地位。夫妻双方的关系格局不是随意形成的，它潜在地受到附着在他们各自身上的资源、社会结构、传统文化等的影响。其中，相互理解与信任也被看作是一种资源（潘鸿雁，孟献平，2006）。因此，现实的夫妻权力分配适应了外出打工的策略安排，适应了双方的性别分工模式，体现了家庭整体利益至上的原则。

5.2.2 家庭关系与养老敬老

信徒委身基督教并非家庭分工变化的主要影响因素，换句话来说，信教家庭与不信教的家庭之间在家庭分工方面并没有明显差异。那这是否意味着信教对家庭关系没有影响呢？答案是否定的。信教虽然没有影响家庭分工，却影响了家庭成员之间的相互关系，但是这种影响又是一种纠结的关系，因为在不同家庭经常出现完全不同的结果。举例而言，有些关系不和的家庭在妻子信教后关系有所改善，但也有些家庭关系和睦的家庭因某位成员的信教选择导致家庭分裂；大多数信教家庭的媳妇更加孝顺婆婆，婆媳关系有所改善，但也有极少数信教家庭的婆媳关系并未发生根本改变。这是因为乡村基督徒本身是一个异质性明显的群体，不同个体之间会因为各种原因而导致行为呈现的差异。

在田野工作中，我曾多次听到有信徒告诉我，他（她）信主之前脾气不好，总是和家人吵架，信主之后每次想吵架时便会想到"教会总是让我们学谦卑、学忍耐"，此后家庭关系渐渐变好了。李玉讲述了自己与婆婆关系变化的故事：

> "我结婚以后，和公公婆婆关系不太好，也不是因为他们欺负我，总骂我或让我干活，只是我当时年轻，又是刚刚结婚，很多事情都也不懂，我当时就对他们不好，一不高兴便会和他们吵架。信主以后，我的脾气慢慢变好了，感觉到他们也很不容易，而且主还让我们孝敬父母呢，我不孝敬他们还骂他们，当时便感觉到自己犯了罪。经过几年之后，我们的关系就变好了。"

与李玉不同，张秀英则是信主多年后，儿子和儿媳对她的态度发生了改变。对于儿子的转变，她也完全归功于主了。我们来看看她的故事：

> 张秀英在1995年丈夫离世之后信主，虽然有儿有女，但对她的态度都不好。老伴过世后，就剩她一个人孤苦伶仃地在一个独院里

面生活。她家的院子方位比较好，正好临近村委会和村小学。大概
2000 年左右的时候，儿子向她提出是否可以把院子转让给他，可以
开个小卖部搞搞小生意，大家可以在一个院子里住着。张秀英认为，
她和儿媳的关系不是很好，如果真的搬到一起的话，可能会经常吵
架，所以便拒绝了儿子的要求。此后，母子二人的关系便开始僵化，
有一次儿子甚至追着打她，她跑到侄儿家里才躲过一劫。于是，她
自己不求儿子可以孝顺自己，只求他不要经常打她骂她便满足了。
这些事情发生以后，张秀英更加虔诚地信主，而且逐渐不记恨儿子，
认为儿子可能也是想让家里过得好一些。大概到 2011 年的时候，儿
子对她的态度开始变好了，过年的时候还在儿媳妇不知道的情况下
偷偷给了她 200 块钱。

　　由于对信仰认知的不同，农村也常有因家里有人信教而导致家庭不和现
象的发生，这样的事件经常会发生在夫妻之间或公婆与儿媳之间[26]。夫妻之间
矛盾的焦点多数是丈夫不支持妻子信主，而老人反对的缘由则是担心将来没
人给自己上坟烧纸。我们先来看看郭明月的故事，她家人都不支持她信主，
而且在家里她似乎一点地位都没有：

　　　　郭明月，家里 6 口人，丈夫和儿子全家都在外务工，只留她一
　　　人在家。她 41 岁时因头疼信主，42 岁时就已经受洗。郭明月在家
　　　中没有任何地位，丈夫、儿子都不会给她任何钱花。郭明月刚信教
　　　时，有段时间常年不沾家，到处传教论道，这便进一步降低了自己
　　　在家庭中的地位。家人认为她已经走火入魔，甚至还多次爆发了冲
　　　突，她不仅被丈夫打，还被儿子打，之后她放了四五年羊，也不再
　　　像过去那样经常外出论道。她表示，家里人不支持信教，吵架也没
　　　有用，都没有改变，现在他们都不在家，我和谁吵架去啊。她们说
　　　我整天不干活，只是看到了我往外跑，却没有看见信主的好处。已
　　　经 62 岁的郭明月现在仍然生活在丈夫和儿子的不理解中，过着被家
　　　人歧视的生活。

---

26 父子或母子之间很少会因为信主的事情发生冲突，是因为儿子多数可以理解已经
　上了年岁的父母的信教行为，而农村地区年轻男性在村庄里便已经罕见，他们信
　教的例子便更加罕见。

在晋中调研时，我听说了张志强的故事，虽然这个故事比较极端，但也可以透视出家庭成员在对待信仰问题中的冲突转换。我们来看这种转换是如何发生的：

> 张志强，是一位刚刚 28 岁的青年，高中毕业后因为成绩不理想没有考上大学，便在临近的工厂打工。因为离家较近的缘故，他每天都骑电动车上下班。她母亲信主，但是父亲却总是反对，而且动不动就打骂母亲，在他父亲的印象中，信教都是老太太的事情，年轻妇女就应该干活挣钱，每天跟着别人瞎跑瞎起哄属于丢人现眼的事情。张志强起初也认为母亲信主是浪费时间，但他还是很难理解父亲为什么总是打骂脾气好又对自己很好的母亲，于是他便跟随母亲参加教会的活动，没有想到几个月以后却"迷"上了基督教，并且很快受洗。因为年轻又有文化，张志强成为教会发展的重点人物，也成为教会的骨干，他经常会去参加一些宗教知识的培训。大约在 26 岁时，有一次当父亲又打骂母亲时，他忍不住出手了，这次受伤的是他的父亲，已经年过 50 的父亲难以抵挡一位二十五六岁的儿子，从此父亲便按捺住自己的不满，不再因为信教的事情而和家人起冲突。

赵小刚和妻子的故事则涉及到党员对待信教的态度。赵小刚曾是村委会主任，也是共产党员，但是她的妻子却因为生病而信仰基督教，夫妻之间的冲突因为孙子的出生而结束，我们来看看赵小刚的故事：

> 高琳，因为身体一直不好，总是腰酸腿疼，后来便在亲戚的劝说下信主。她信主之后觉得基督教的活动很有意思，并在大约一年后受洗。因为高琳的口才比较好，能说会唱，很快便成为聚会点的"领头羊"。起初，赵小刚对于妻子信主的事情也不在意，认为她就是每个星期去教会跑跑，参加一下活动。但是伴随着灵命的成长，高琳参加活动的热情越来越高，并且开始领着其他人在自己家聚会，因为相对而言她家条件更好些。这一下子引起赵小刚的不满，他开始怀疑妻子的信仰，并且两个人经常吵架，高琳不再给丈夫做饭，而赵小刚甚至换了把新锁让妻子没法回家。矛盾断断续续有将近一年，后来儿媳妇生了孙子，高琳便开始去县城照看孙子，赵小刚觉得只要妻子不聚会便可以打消自己对她信教的担心，便极力支持妻

子去照看儿子全家，而这一去便是五年，此后，两人的矛盾渐渐消解，高琳也很少再去参加聚会。

与赵小刚的故事不同，范俊梅的故事则显示党员同样可能会支持家人信教。我们来看看她的故事：

范俊梅，今年 70 岁，因为腿脚不舒服，于 2000 年开始信主。她的丈夫是党员，年轻时曾经当过几年兵。在她刚刚信主时，丈夫也不同意，但是也没有明确反对，想着妻子腿脚不灵便，没事时去教会跑跑，聚聚会，对身体没准也会有好处。最近几年，伴随着年龄的增长，范俊梅的身体越来越差，如果自己走着去教会可能需要一个半小时左右，于是她丈夫干脆来回接送她去教会，并且有的时候也会在教会听道，只是现在还没有相信，也没有受洗。

在农村地区，养儿防老、多子多福、传宗接代一直都是中国广大农民朴素的心理传统，大多数中国父母都会指望子女长大后抚养他们、照顾他们（梁振华，齐顾波，2013）。然而，当代农村老人的养老问题却面临着很大挑战，这一挑战的发生与当代中国农村地区的一系列社会变迁有关，例如社会保障体系不健全、儿女外出打工引起的亲子分离、代际权威向青年一代转移、社区孝道衰落及其不孝成本的降低，等等。正如张玉林（2005）所言：

"在不考虑农民流动因素的情况下，'老人问题'原本已经相当沉重。这主要是基于如下两个背景。随着计划生育政策导致的人口出生率的下降和人口平均寿命的增加，农村的'老龄化'进展迅速，应该受到公共财政大力支撑的农村社会保障体系远没有建立起来，只能依靠子女养老的他们又遭遇年轻一代'孝道'观念弱化的冲击。在这种背景下，这个群体又要面对子女离乡的新问题。如果说注重经验的传统农业文明的衰落意味着老人地位的下降有一定的必然性，那么，青壮年的大量流出则进一步强化了这个庞大群体的弱势。"

在研究社区，老人养老主要有以下五个方案：第一，老人单过，儿子分担部分医疗费和生活费，女儿有空时探望老人；第二，老人寄居在小儿子家，其他儿子按年或月分担部分医疗费和生活费；第三，老人按月在儿子家轮流过，医药费则是儿子均摊；第四，这种情况较少，老人单过，儿子不分担生活费，偶尔分担医药费；第五，这种情况也较少，因为儿子不孝，老人与女儿一起过，儿子相应分担生活费或医药费。在乡村敬老院床位有限的背景下，能去敬老院的一般都是无儿无女的孤寡老人。从调查地区情况来看，即便是老人与子女生活在一起的家庭，户口、耕地、电费等也会分开，"凡是涉及钱的事务一律分清楚"（李华伟，2013：21）。

孝敬老人，曾经是中华民族的传统美德，但今天这种美德却让位于世俗的金钱社会。下面，我讲述一个比较特殊的个案，透过该个案，我们可以发现农村子女不孝的行为似乎不再像过去一样会遭受他人的责难。

> 胡艳现年 67 岁，她是一位苦命的女人。在她 33 岁时丈夫因为车祸去世，当时她最小的儿子只有 4 岁，二儿子只有 9 岁，大儿子也只有 11 岁。胡艳一把屎一把尿省吃俭用地将三个儿子拉扯大，两个大点的儿子已经结婚生子，小儿子尚未成家。但是，儿子结婚之后便都开始顾着自己的小家庭，他们因为房子的事情相互之间扯皮，最终以大儿子帮助二儿子重建住房结束。现在她一般和小儿子一起过日子，但是小儿子多数时候都在外面打工，只是过年的时候才会回家来看一下。当我问及她现在的生活来源时，胡艳流下了伤心的眼泪，"现在主要收入一方面来自每年自己种地的收入，一方面则是国家的养老保险，已经成婚的两个儿子每年一分钱都不给我，他们都认为我现在和小儿子一起住，小儿子一定会照顾好我的，等我哪年生病之后再照顾我。但是小儿子呢，又不争气，花钱大手大脚，每年不找我要钱我就满足了。"让我惊奇的是，乡里邻居并不关心胡艳儿子的不孝行为，而亲戚似乎也不愿张口，因为这很明显是一种得罪人的行为。

我们从胡艳的故事可以看出，这种在传统社会可能遭致邻里唾弃的不孝行为，已经成为一种理所当然的行为。或许，我们可以从另一个视角来进行解读，在集体意识对个人行为规范约束力非常明显的社区，强大的社会舆论会无形之中给个人行为带来压力，对社区道德的违反极有可能让某一位村民抬不起头来，而一般而言，指责他人的人自己的行为应该是一种标杆，或者说其行为某种程度上来说是一种模范行为。而今天，大多数村民在孝敬老人方面做得都不是很好，他们似乎也没有资格对他人指手画脚。

涂尔干（2006c：4）指出，"道德事实是由具有制裁作用的行为规范构成的，制裁取决于行为与规定之间的关系，这种规定能够决定究竟采取容忍的态度还是禁止的态度。"在整个社会"不孝行为"比较普遍的背景下，个人无需承担起行为带来的不利影响。简言之，不孝似乎成为一种私人的没有风险的行为。当然，"孝"与"不孝"的话语在不同时代有不同内涵，曾经所谓的不孝行为在今天也已经成为习以为常的事情。本书关注的议题是基督徒与非基督徒相比较，他们是否更加孝顺？我们很难冒昧地得出基督徒比非基督徒更加孝顺的结论，因为孝道本身的测量便是一件难事，每个农户的情况不一样，我们难以通过某种指标将其赋值。就实地调查情况而言，尽管基督徒中也存在不孝的例子，但是相对而言更少一些。

当我提及"信主的人是否有不孝顺的人"时，赵丽娟当即反驳了我的话：

> "十诫里面都有当孝敬父母[27]。你真的孝敬你的父母，在世时（因为敬畏主）就要更爱他们，对他们更好。时间久了他们就看出，你不是信了主就不孝，反而信了主比以前更孝顺，对他们更好。他们就慢慢地理解你，甚至开始接受你的信仰。其实上帝从来没有说过，你们不要孝敬父母！上帝给人第一条的诫命就是孝敬父母。你们作儿女的，要在主里听从父母，这是理所当然的。要孝敬父母，使你得福，在世长寿。这是第一条带应许的诫命[28]。"

从实地调查的情况来看，乡村基督徒不孝敬父母的人尽管也有，但是相对更少，这是因为他们如果不孝顺会承受更大的群体压力。如果有哪个信主的人不孝敬父母的话，就会被其他教友所嫌弃，并且逐渐被孤立，换言之，不管是内在的对于基督教教义的实践也好，还是外在的群体压力也罢，基督徒的身份本身让其在父母问题上更多的会选择孝敬。[29]

当我提及教会是否有人信主之后变孝顺的事情时，张蕾给我讲述了周琳琳的故事：

> 周琳琳，今年 47 岁，39 岁时因为胃病，跑了多家医院都没有获得医治，后来在邻居张蕾劝说下信主，大约一年后通过某种偏方医好了病痛。她的婆婆杨晓娥也是基督徒，现年 84 岁，与她住在一个院子里。此前，周琳琳因为自己患病，与婆婆的关系并不好，几乎不说什么话。而当时，婆婆杨晓娥采取的是儿子家轮流养老的方

---

27 原文为"当孝敬父母，使你的日子在耶和华-你神所赐你的土地上得以长久。"《旧约·出埃及记》20：12.

28 《新约·以弗所书》6：1-2.

29 后文将会专门探讨基督徒的孝道。

式。杨晓娥有四个儿子，但是二儿媳和三儿媳总是不怎么欢迎她去，她也经常受气。周琳琳信主受洗后，经常会在教会听到孝顺父母，搞好婆媳关系等教诲，有一日她忽然心里很感动，便觉得老人这么轮来轮去也不是个事儿，便决定将老人接到自己家住，不再采取轮流的方式。现在周琳琳与丈夫在院子里重新修建了一间房子专门给老人住，他们都生活在一个院子里，关系也处得很融洽。

我在听到周琳琳的故事之后，便想详细了解这件事情的来龙去脉，奈何她觉得这些事情没有什么好讲的，认为这原本就是应该做的，只是信主前不晓得而已。而当我访谈杨晓娥时，她给我述说最多的便是感谢主，如果不是主在做工，她现在还在儿子家轮流过日子，还在受气。但如果是老人信教，儿女不信教，则似乎并不会有太大的影响。我们来看彭红红的故事。

彭红红是一位74岁的老信徒，现在和老伴儿两个人一起住在两间新建的房子里。从表面上来看，似乎儿女很孝顺，还专门给他们修建了新的住房。但是，当我了解了事情的前因后果之后，才发现事情和自己的想象完全不一样。当初儿子说修建住房，老人给儿子出了4万元钱，但是当住房修建好之后，儿子和儿媳把大门一锁，都外出打工了。他们迫不得已，只能在原来住房的旁边修建了两间小屋住在里面。

在邻居纷纷指责彭红红儿子不孝的同时，彭红红的回答却令人颇感意外，她认为自己现在和儿子一家不在一个院子里住，反而过得比较舒心，比较自由。

在陈村教会，如何处理好媳妇与公婆的关系一直都是教会经常言说的话语，而如果教会听说哪位弟兄姊妹不孝顺公婆，也会去劝说。所以，不孝的基督徒一般而言会承受更多的外在压力。李华伟（2013：118-142）详细考察了豫西李村教会基督徒孝顺之道的来源和动力，并将其归纳为"唯恐羞辱了耶稣的名"。这样的情况同样发生在豫东陈村教会，教会执事本身都在孝顺父母方面做信徒的榜样，并且努力将"夫妻和睦"、"孝顺父母"、"婆媳融洽"等作为教会宣传的主要价值观，并将其作为区分信徒与非信徒之间差异的重要标准。这些标准对于其自身的行为影响深远，而且各个下属聚会点的协调人也均会努力按照教会讲述的教义去行事。然而，很多普通信徒受限于自家的经济水平，似乎并没有办法去承担父母突生大病所需要的治疗费用，这些是社会转型期所不可避免的后果。

当传统的社会价值观已经逐渐丧失其对个体心理的支配，而新的价值观还没有完全出现，农村的社会保障制度又在各个方面都不健全的情况下，老人养老的问题将会长期存在。尽管教会努力宣传"当孝敬父母"，但其对不孝的信徒也只能有某种压力而已，教会本身并不具备惩罚不孝信徒的权利，也不能拒绝不孝信徒进入教会参加活动，其影响力仍然比较有限。在整个社会将个人社会地位和成功标准简化为收入的多少、住房的好坏时，在以"赚钱"为表征的经济理性逐渐驱动个人行事并几乎成为支配其意识的唯一标准时，孝道的衰落似乎成为一种必然的结果。在此背景下，基督教发挥了某种道德教化的作用，但是其影响甚微且并未从根本上改变社区孝道的衰落，新的社会保障体系的建立、完善和执行可能是农村政策制度的一种必需选择。

5.3　人际交往：教外关系延续与教内关系扩展

人际关系，指个体与个体之间的各种关系，或个体与他人间的心理距离或行为倾向（翟学伟，1993）。农村人际关系主要体现在家庭、邻里、村庄成员和村际联系等四个方面。在费孝通（1998）笔下，"乡土社会是靠亲密和长期的共同生活来配合各个人的相互行为，社会的联系是长成的，是熟习的，到某种程度使人感觉到是自动的。只有生于斯，死于斯的人群里才能培养出这种亲密的群体，其中各个人有着高度的了解。"农民在一种共识性的熟人社会，相互之间保持高频次的社会互动和社会互助行为。本部分关注的议题是，信教对于村民的人际交往是否产生明显影响？信教是否扩大了村民的人际交往网络[30]？

曾几何时，农村地区确实存在着各种形式的社会互助，这些互助涵盖农民生活的方方面面，例如农业生产互助、日常生活互助、紧急事务互助。农村家庭联产承包制的实施改变了农民的组织形式，个体农户成为农事生产活动的基本经济单位，尽管一般的生产活动，都可以通过单个农户自身的努力来完成，但在遇到相对复杂的农业活动时则需要农户之间的相互帮助。复杂的农业生产劳动，以芹菜种植为例，具有以下几个特点：劳动强度较大，分

---

30 我曾就乡村基督徒的人际交往请教了山东大学刘铁梁教授，他认为，"一个人很难离开原有的亲属关系纽带和土地关系纽带，这是一件很不容易的事情。因为乡村的人际关系比较强烈，亲属关系也比较强烈，所以乡村基督徒会非常重视本乡村的教友关系"（2013-04-20）。

工较多，一亩芹菜的种植需要 10 人左右持续种植 4 个小时左右，且还需要专门有人分苗，灌溉，单个家庭很难单独完成；对劳动技术有一定的要求，例如对于芹菜种植的深浅、行距、间距等都有要求，并不是每一个农民都可以做好；芹菜的种植需要在短时间内完成，否则就可能影响销售的价格；来自灌溉的压力，需要农户提前进行商量保证灌溉时间没有冲突。日常生活中的互助行为，则源于农村邻里之间的相互串门、聊天、走动。当农民在生活中遇到困难时，则可以去叨扰亲戚、朋友和邻居。这样的事情多数是琐碎的，繁杂的，例如帮忙进城捎东西，帮忙照看小孩，帮忙修补衣服等等。

紧急事务中的互助行为，多数都是农民在生命历程中经历大事时才会寻求的帮助，例如住房修建和婚丧嫁娶。在农村，修建住房是村民一生的大事，现在这样的大事多数发生在儿子成婚之前。在村民的回忆中，上世纪八九十年代村民在建房方面还存在互助行为，且存在着鲜明的性别分工。以村民范小伟为例，他家的住房于 1987 年修建，当时全村先后有近 80 多人都到他家帮忙，来帮忙的男人磨泥、垒砖、砌墙，来帮忙的女人搬砖、搬瓦、做饭，几乎没有花费什么工钱。在共同劳动过程中，彼此之间相互交流，建立了亲密的关系。在婚葬嫁娶方面，村庄的红白喜事需要很多人帮忙才能应对，村民也都愿意花费自己的时间去做力所能及的事情。而子女婚姻这样的大事，一般都需要支付数额不菲的彩礼，很多村民也会通过从亲戚朋友处获取帮助以应对儿子的终身大事，一般情况都是东家三千，西家五千慢慢凑的钱。然而，这样的故事正在成为村民对于过去的记忆，对青年一代而言，他们甚至没有经历那个人们互帮互助相互扶持的年代，便开始直接面对这个日渐个体化的社会。

在现代化浪潮快速席卷乡村社会的今天，"金钱"观念侵蚀到每个人的内心。在农业生产方面，尽管传统的农业生产互助仍然存在，但"换工"的理念已经逐渐被"季节性雇工"所取代；在日常生活方面，伴随私人生活的兴起，人们更多地采取一种家庭化的生活方式，相互之间的走动，来往逐渐减少，再加之道路的修建和电动车、摩托车的普及、"帮助乡亲邻里进城捎东西"已经成为一代人的集体记忆；在建房方面，受劳动力流动的影响，回报变得不可预测，帮工已经几乎绝迹，外包形式备受青睐；在婚丧嫁娶方面，相互之间的扶持和帮助仍然存在，但短期应急借款却显著缩减，民间借贷（高利贷）成为很多家庭迫不得已的选择。于是，从整体上来看，乡村的邻里互助呈现出显著的减少态势，乡土的传统秩序正在瓦解，而 "熟人社会" 也正在转向 "半熟人社会"（贺雪峰，2003）。

对部分农村基督徒来说，他们继续维系着相互之间的互助关系，并愿意为邻里提供必要帮助，这种行为从他们日常言谈中便可以看出，"信耶稣就是学好，做好事"。当然这样的行为也被部分村民诟病，他们认为基督徒之所以经常会帮助别人是因为他们想博得别人的好感，并吸引他们加入基督教。在基督徒内部，互助行为更加明显。以农业生产为例，在农村男性劳动力外出的背景下，在遇到水稻种植这种季节性劳动力短缺的情况下，信徒之间的相互扶持显得尤为重要。陈村教会的基督徒组成了跨村的互助小组，而且多数都是做完农活之后直接回家，或者一起吃个便饭。对陈村教会的信徒尤其是执事来说，为生病的小孩和老人祷告是他们的重要功课，对一些村民来说，他们也愿意在小孩遇到惊吓时找信主的村民来帮忙祷告，让小孩康复。当然，对于以老人和妇女为主体的农村教会来说，他们很难在村民建房这样的事情上帮忙，因为修建房屋有较高的建筑技能要求。在调查过程中，偶尔也会遇到有信徒在修建住房时获得其他信徒借款的案例，但这样的案例并不多见，即使是教会的宗教精英也多数会通过亲戚借款而非教友互助。

按通俗意义上理解，农民信教实现了个体身份的改变，并且获得了成员身份。他们长期参与教会组织的活动，必然会与其他信徒产生很多互动，并重构了自己的社会关系网络。与此同时，信教可能会切断村民与过去人际交往网络的联系，并影响其个人的日常交往。那么，真实的情境又是如何呢？从陈村教会的现状来看，平信徒信教与否并不会影响他们与其他村民的社会关系，尽管信教明显增加了与部分教友之间的联系，但是在日常生活中的联系也非常有限。我们来看信徒闫惠的故事。闫慧，现年59岁，51岁时因为干活时经常感到手疼，手麻而信主，之后手疼的毛病便没有再发生过。信主之后，她积极参加教会组织的各种活动，例如主日敬拜、聚会点活动、奋兴会、圣诞节等，尽管因为本来读书不多，读《圣经》显得很吃力，但参与教会活动的热情却始终很高。信教之后，她认识了很多教会的信徒，既有本村以前很少联系的人，也有外村素未谋面的人。她给我讲述了自己信教之后在人际交往方面的变化。

"信教后，我认识了很多教会的人，但是平时联系很少。门口的人就经常聊聊天，外庄的来往就少了。看见不信主的也不想说没

用的话，见面就只是打个招呼而已。但见到信主的老姊妹就有说不完
的话，会一起唱歌一起祷告。因为礼拜堂人很多嘛，信主的又都是一
家人，见多了自然就认识了，但没怎么联系。认识的人有啥事就来往，
太远的就算是想去也没办法，太不方便了，而且自己还很忙。有的认
识有的不认识，有的联系有的不联系，平时联系就问问平安。"
闫惠的故事并非个案，大多数信徒都会给出类似的回答：

> "平常也没有太多来往，主要都是在教堂的时候会比较多，本
> 村聚会点的人之间的交往比较多，平时聊天也会比较多。和信耶稣
> 的人聊主的事情比较多，话题也会比较多，想说什么说什么，和街
> 坊邻居则主要是聊一些家庭的琐事，因为自己不太会说话，所以有
> 的时候还是喜欢一个人在家里。"

> "没有认识新人，有空就去，没空就不去，信心大的会天天做
> 祷告，但自己信心不大。让信心大的人帮忙做祷告，信心小的人一
> 般都不需要；有的时候就忘记了祷告；出门在外的话，祷告一路平
> 安；在家的时候看着小孩就忘记祷告了呢。"

对信徒来说，每周的宗教活动只是他们日常生活的一部分，真正与他们
联系较多的教徒都是本村（本聚会点）的教友们。因为相互之间距离很近，
所以他们很容易结成伙伴关系。但是，对其他村庄的信徒，相互之间联系的
则比较少。不过对于执事来说，他们因为有很多教会的事情需要在各个村庄
探访，所以也有更多机会接触各聚会点的教徒。与平信徒不同，她们信教后
显著扩展了自己的人际交往网络。让我们一起来看任芳的故事，当我提及"信
主是否影响您和他人的人际关系"时，她的回答是肯定的，而且当时是一种
幸福的表情，她一再声称如果没有信主，很多邻近村庄的弟兄姊妹她都不会
认识，特别感谢主。

> "教会绝大多数邻朋姊妹都认识，这些都是神的恩典。如果不
> 是信主的话，大家都是各个村庄的，相互之间都没有什么，很难想
> 象会认识周边十几个村庄的人。信主以前，每天除了干活就是在家
> 里，要么就是出去打麻将，很少会认识新的人。信教后认识的人多
> 了，但其实联系也很少。看见不信主的也不想说没用的话，见面就
> 只是打个招呼而已，但见到信主的老姊妹就有说不完的话，会一起
> 唱歌一起祷告。"

　　尽管信徒加入教会并且经常参与教会组织的活动，但信徒之间的日常联系相对较少，她们也很少会与执事或牧师联系。我们可以从多个方面来解析信徒相互之间交往较少的原因。首先，信徒到达教会之后就开始个人祷告，对耶稣的赞美和自己的祈求，接着便是找到自己座位唱赞美诗，聚会结束后便各自回家。从我多次在教会主日敬拜的观察来看，信徒之间的联系和交流相对都比较少。经由多年参与教会活动后，每个人在教会的位置都是相对固定的，他们甚少结识其他信徒，而且彼此之间的交流也非常少。当然，这或许与教会主要作为敬拜场所的功能有关。在访谈中，信徒们不断地说，在教会人们应该更多地交通神的话语，而不是家长里短的琐事儿。

　　不过，教会每年三次的奋兴会，一般会有连续三天甚至四天的长时间敬拜，中午也会有两小时的空闲时间，信徒可以彼此交流。然而，在教会举办各种活动时，教友们都倾向于与自己原本相识的在一起，而且多数均为同一聚会点的信徒。举例来说，奋兴会中午吃饭期间，本聚会点的信徒习惯坐在一起吃饭，然后分享自家的各种事情，当然未必是关于信仰的话题，人们更多地倾向于闲聊家里和村庄的各种事情。我们从信徒们的座位以及聊天对象便可以看出，信徒们参与教会活动并没有显著增加与陌生信徒之间的了解和联系。

　　有时教会之间也会有共同活动，例如教堂修建时的相互帮助，奋兴会时的跨教会参与，这对信徒来说是一个结识其他村庄信徒的机会，但从实际观察来看，人们之间互动也较少。有时即使是兄弟教会的执事，相互之间也不能说出对方的名字。2013 年 11 月，我参加孟村教会建堂时，便观察到尽管孟村教会的小组长和会计都会认识陈村教会的各个执事，但是她们并不能清楚地叫出每个人的名字，却都知道小组长曹婷婷的名字。如果我们简单地得出结论，绝大多数乡村基督徒多年参与教会活动，但并未与其他村庄（聚会点）基督徒形成亲密关系还算比较突兀的话。我们可以与城市教会进行比较。在城市教会，每次活动的主题都是敬拜上帝（神）、祷告、读经、唱诗、听道等，信徒之间也很少会有交流。

　　在敬拜活动之余，教会组织的其他活动，则会促进信徒相互之间的交流，举例来说，我在北京盼望教会调研时，按照年龄和职业分类的方式，教会分为多个小组（团契），每次聚会结束后，小组成员都会有分享活动。分享活动的程序是相对固定的，每次时间大概在一个小时到两个小时之间。首先是破冰活动，相互认识，因为经常会有新的成员加入小组；其次是小组祷告，一般会由宗教经验丰富的基督徒带领大家祷告；然后是唱赞美诗，一起赞美敬拜主耶稣；接着是分享每日的主题分享或近期读经感受；最后是每个人分享自己的代祷事项、工作、学习、生活等各个方面的需求。

　　经由多次活动的参与，小组内部成员之间逐渐形成了某种亲密的教友关系，大家彼此关心并会在某位教友遇到事情时提供支持或帮助。然而，小组成员活动的范围一般也仅仅局限于本小组之内，小组成员很少与其他小组成员之间保持联系。小组之间还存在某种竞争关系，每个小组都有强烈的归属感，并希望自己的小组可以兴旺。这与农村教会是相似的，各个聚会点存在某种意义上的竞争关系，在相互交流中，无不表达着关于本聚会点兴旺的话语。这是因为，尽管共同的信仰有助于加深信徒之间的情感，但是如果成员之间缺少共同的经历，群体认同就并不明显，简而言之，乡村基督徒的认同是一种"差序的认同"。

5.3.2 人情往来

　　中国社会是一个人情社会。所谓人情，是指在与自己关系紧密的他人遇到人生重大事项时，为表达祝贺或同情等心意而以实物或金钱的形式对他人进行的馈赠，其目的是为了在自己所生活的社会关系网中获得所需要的社会支持和社会文化心理上的满足（包括象征、仪式、价值观、自尊等）。人情消费通常也被称为"随礼"、"凑份子"。中国人的"人情"既是一种社会情感，也是一种可以用于人际交换的资源，是中国人人际互动的纽带和准则。在人们的日常社会交往中，人情由抽象的行为规范具体化为各种社会资源，从物化的金钱、礼品到无形的允诺、机会等都是人情的不同体现，也逐渐成为中国人人际关系中的自愿或不自愿拥有的一个负担（朱晓莹，2003）。但在当代的农村社会，人情盛极而衰，出现了异化。人情异化表现为人情的虚假繁荣，并剩余了名实分离的人情空壳，与人们所谓的自己人认同在生产机制方面相距甚远（贺雪峰，2011）。

　　人情往来在农民日常生活中扮演着非常重要的地位，在遇到大事，例如婚丧嫁娶，子女生日满月等人生仪礼时，以往的人情付出就会得到回报，而在中国人所讲的人情中，既包括交换的含义，但报恩却是另一个更为重要而根本的方面（翟学伟，2004）。于是，礼金支出一直都是农民的主要支出之一，每个农村家庭都有固定的人情圈，人情往来成为农民获取社会资本的重要途径。在豫东农村，人情往来包括农业生产中的互助活动、突发性事件时的资金流动、逢年过节的走亲串友、婚丧嫁娶时的随礼，等等。

对大部分基督徒来说，他们在委身基督教并参与教会活动之后，与其他信徒之间逐渐建立了新的社会关系，有些个人关系较好的信徒家庭甚至结成了一种类亲属关系，家庭成员之间保持着良好的联系，逢年过节时相互探访并会在某个家庭聚餐。在陈村教会，曹婷婷和张涛两个人则成为个人关系很好的朋友。

> 张涛本来是湖北人，所以她在河南也没有娘家人，在加入教会后逐渐和曹婷婷结成良好的个人关系，每年春节时，张涛一家，包括女儿、女婿、儿子、儿媳妇，会带着礼品去曹婷婷家拜年，而曹婷婷一家也会带着礼品去张涛家拜年。曹婷婷在 2010 年修建住房时，张涛和儿子商量后借给曹婷婷家 3 万元，以解燃眉之急。当然，更多的个人联系则会在婚丧嫁娶这样的大事上面有总体性呈现，例如儿子结婚时，教会所有执事以及与她个人关系较好的教徒都曾参加婚礼。

在人情实践过程中，一般而言，人们遵循的仍然是"自己-家人（情感性关系）-熟人（混合性关系）-生人（工具性关系）"的逻辑。本书关注的主要是以婚丧嫁娶为主体，以考学参军、满月周岁、住房修建为辅体的超越亲属关系网络的大型仪式性人情。正是通过仪式性人情，农村社区的成员在多次流动后，逐渐形成了一个庞大的人际关系网络。换句话来说，以婚丧嫁娶为载体的仪式性人情成为村民人际交往的整体性呈现，通过这些网络，村民强化着对于地缘共同体村落的认同。然而，近些年来，受诸多因素的影响，农村仪式性人情的力量正在逐渐衰落，集中表现为人情的异化和"人情圈"的萎缩。

在乡村社会，每个家庭都有一个相对稳定的"人情圈"。通俗地来讲，人情圈就是人情的参与者，主要包括亲戚，朋友和街坊[31]。人们对于"人情圈"中亲戚朋友的重要日子，作为一个生活常识要熟记于心，这样才能不失礼节。正因为有这样一个稳定的人情圈，所以做人情时"谁来谁不来，都能估计出

---

31 在豫东农村，人们习惯性地称邻里为街坊，婚丧嫁娶时的人情会用"待街坊"或"不待街坊"来表示，便是婚礼或葬礼是否招待邻里的意思。

来，基本上不存在什么顾虑。该来的不用叫也来，其他的叫了也不会来"（陈辉，2102）。在杨乡，只有婚事和丧事是社区性的，是需要大办的仪式，诸如满月、考学、大寿等一般都局限于亲友的小范围之内，邻里和朋友出席的情况则很少。对乡村基督徒而言，他们与普通村民的差异在于，他们的人情圈在亲属、朋友、街坊之外，还有教友。

在不同社区，教友角色差异非常明显，在豫东农村社区，尽管教友力量也比较显著，但按照基督教仪礼举办葬礼的现象尚不普遍；而在晋中郭村，教友几乎已经成为基督徒葬礼的主力。下面，我主要讲述李晓丽丈夫因心肌梗塞离世举办丧事的故事，她的故事某种程度上可以让我们了解亲属、朋友、街坊，教友在此期间的表现。2013 年农历四月初，李晓丽丈夫刘军在内蒙古打工期间因心肌梗塞突然死亡。家中户主忽然去世，李晓丽感觉到家里大树忽然倒了，心里一下子很难接受，"哭"是当时接到电话的第一反应。她刚刚年满 48 岁，三个子女尚未成婚，家里大事只能一个人做主。

2013 年 7 月，我再次访谈李晓丽时，她已经头发花白，她给我详细讲述事情的整个过程[32]：

> "他没了以后，儿子和侄儿一起去内蒙找老板商量赔偿的事情，具体情况我也不是很清楚，我没有出过远门，我也不懂的。我只能心里想着，然后告诉主，不停祷告，至于老板给不给钱，给多少钱，最终都是主的旨意。当时孩子们去的时候，我都跟他们说了，不要说不好听的话，国家都有法律，凡事都按照法律程序走吧，不要跟别人冲突，我也跟主说了我的想法，我想让他们把我丈夫的躯体带回来。后来儿子回来告诉我，那老板也说了，如果按照法律的话，那只给两三万，因为他不是因为工作原因受伤的，而是在工作之余突发心肌梗塞的，和工厂没有直接联系。但是，他们最终还是给了二十万，并且说是按照人道给的，人死为大，毕竟是在外出期间死的，而且他以前干活也比较老实。其实那老板还是不错的。后来因为需要把尸体从内蒙运回来，老板又给了一万。因为普通人家的汽车都不愿意拉运尸体，而且从内

---

[32] 在豫东农村，妇女很少直接称呼丈夫的名字，而是当家的或者他，在案例的阐释部分，一般用"他"指称李晓丽的丈夫。当然，农村人很少会用离世、过世这样的词汇，而是简单地说"没了"。

蒙到河南太远了。感谢主，最后一切都还算顺利，一共花了 1.2
万。这也是主的恩典，实话说，当家的生病都是意外，如果是死
在家里的话，没有人给一分钱。"

"当家的从内蒙运回来以后，一开始我想按照主内的葬礼，但
是后来我一想，他不信主是不行的。因为他不信主，灵魂是没有悔
改的，就是按照主内的给他办，那他的灵魂，也是要下地狱的，最
后还是上不了天堂。所以葬礼这个事儿，最后就想了半天，还是觉
得按照主内的办不太合适，如果按照教会的方式办，可以节约不少
钱呢。我后来犹豫了很久，最终还是按照普通村民那样去办的。具
体的事情，都是儿子和侄儿他们管的。我什么都不管，我也不烧香，
我也不烧纸钱，我什么也不管。"

"当家的没了以后，教会的一些人也来我家来看我。他们来了，
不烧纸，就是去看看，然后随意给点儿钱。我们主内的人，就是去
世了，主内的人都是一人一块钱。一块钱是什么意思呢，就是说，
不信主的人都是给点儿纸么，我们这一块钱，就相当于是那个纸钱
了。按说，如果全部按照主内的礼仪办的话，能省一半钱。教会的
执事还买了鸡蛋，牛奶等东西过来看我，让我不要伤心，一切都是
主的安排。"

"我一共收了九千块的礼钱，来的人主要都是亲属，我们这儿
流行只待亲戚不待街坊了。这些是最近三四年才开始的，有时待街
坊也比较麻烦，他们家人都出去打工了，你告诉人家来参加，他们
也不可能专门从外面跑回来参加一个婚礼或葬礼。现在每家情况也
不一样，我家办事时，也有人问会不会待街坊，我说还是不待了吧。
有时也会有街坊来随礼，那都是关系比较好的街坊。现在社会流行
成这样子的，不待街坊也不是说以后相互之间就不联系了，平时该
串门还是串门，该有啥事还是会相互帮忙的。"

我还调查了多位信徒，我逐渐了解到，本村（聚会点）信徒多数都会习
惯性地给一元钱，来表示安慰；执事分别购买了鸡蛋，牛奶等食品来鼓励李
晓丽，她们认为这件事情也是主的考验，希望她可以平安地度过这道坎儿；
随礼的信徒一共有 5 人，其中三人与李晓丽同时也是街坊，换句话来说，他
们既是街坊又是教友，日常联系相对较多。距离较远的信徒只有两户，张蕾

和李晓丽个人关系很好，农忙时经常相互帮忙，平时也经常相互串门，王晓霞则是从前相互也没有什么走动，只是当时觉得教友家里忽然出了事情，"应该去看一下，心里一感动就随礼了"。

我们来简单分析一下，葬礼中亲戚、朋友、街坊、教友（教会）的不同表现。首先，刘军过世之后，李晓丽做的第一件事便是找人一起去丈夫务工地点协商关于赔偿之事和魂归故里之事，事情主要由儿子和侄儿去处理；其次，葬礼的实际操办主要由村委会的"红白喜事理事会"帮忙协办，报丧一事主要由儿子协调，女儿则自己打电话即可；第三，仪礼的参加者主要都是亲属，邻里街坊参加者很少，亲属关系仍然是影响仪礼的主要因素；第四，执事专门前来探访，本村信徒也多数通过"一块钱"和安慰表示关切，真正随礼的信徒很少。我们通过李晓丽的故事可以看出，在以丧事为代表的仪式性人情中，亲属关系仍然是影响其人情圈的主要因素，基督徒身份尽管对其人情圈有影响，但是影响并不明显。

李晓丽的故事，只是发生在快速变迁农村的诸多故事中的一个。自上世纪80年代末开始，杨乡村民开始背井离乡外出务工，到本世纪初，用当地人的话来说，"农村能出去的人都出去了，留在家里的都是老幼病残，甚至连年轻妇女也都已经外出，村庄里面很难遇见年轻的妇女，遇见的都是在家看孩子的"。绝大多数村民只是在逢年过节时在家待一段时间，有的人甚至过年也不会回家。人情回报的不确定性正在增加，当人情存在的社会基础逐渐丧失，甚至人情的异化开始逐步成为社会的主要意识形态时，人情的淡化和弱化都会成为新的事实。对于乡村基督徒来说，参加基督教增加了其人际关系网络，但是这些新构建的网络并没有显著改变他们固有的人情圈。简而言之，信教并非人情圈的主要影响因素。

为了更好地了解当地人情的变化，我详细了解了当地宴席的变化，因为宴席上各位宾客的表现与礼单一样，都是人情最直接的呈现。我刚刚问及人情的事情时，便有村民告知我：

> "没钱的是邻里，有钱的就是朋友。大概在10年前，街坊还是比较普遍的，现在很多街坊都不待了。在过去，村民办事时的宴席，提前几天就开始喊人来帮忙、搭棚、垒灶台、借桌椅、杀猪、买菜。现在都流行流动饭店了，人们办喜宴时也不再需要喊人来帮忙了。只需要一个电话，啥事儿都能全部解决。"

事实上，流动饭店的兴起与近年来乡村的虚空有很大关系，越来越多的农民外出务工，赋闲在家的很少，于是在家办宴席时难以找到人帮忙也成为很普遍的现象。流动饭店自备桌椅板凳、简易大棚、锅灶碗盆，承担买菜、烧水、做饭，洗碗等全套酒席服务，只要村民按相应的饭菜标准付费即可，俗称农村酒席"一条龙"（任乔宇，2011）。当然，还会有农户干脆不在家办宴席，而是租车一起到乡镇或县城饭店吃饭。诚然，不论是流动饭店也好，还是固定饭店也好，新的潮流在为人们带来便利的同时，也缺少了过去热闹的气氛，村民也都认为现在喜事一点儿都不红火，亲戚来了之后，都是吃顿饭就完事了。农村仪式性人情的范畴已经被无限缩小了，剥去传统的互惠互助的外壳，仅剩下赤裸裸的礼金往来。乡土社会的秩序长期以来建立在互惠的基础上，当互惠的基础不再存在时，那么乡土社会的秩序也会发生相应的改变。

5.4 教外看教：以"祭祖冲突"为焦点

宗教与社会偏见之间存在某种关联。宗教可能会减少，也可能会加剧群体间的偏见（Hunsberger，1995；Hunsberger&Jackson，2005）。正如布朗（1992：259）所言：

> "宗教并不是对于每个人都有相同的意义。上帝降临这件事情，对于某一个人来说马上就可以理解，而且是合理的，对于另一个人，却可能是绝对荒谬的，或者纯属幻想；而对另一些人来说，则可能是一种富有诗意的想象罢了。"

在实地调查过程中，我发现很多村民对于没有危害自己利益的事情漠不关心，但是一旦基督教妨碍自身利益时态度马上就会发生转变，原子化的个人已经逐渐适应了"事不关己高高挂起"的生活。在田野工作中，当我提及村民信教的事情，似乎每个人都知道现在村庄有人信教，但是大多数村民对基督徒的生活很陌生，他们只知道教徒每周都会聚会，至于其他活动则一概不知[33]。

陈柏峰（2013）在通山农村的调研结果显示，村民对基督教的态度和看法有三种回答：一是说基督教是一种迷信；二是说基督教劝人向善，是好的事物，政府也不反对；三是说自己与基督徒各活各的，互不干涉，也没有什

---

[33] 在有的村庄，村民并不知道教徒在谁家聚会，因此我一般都是提前联系好，然后让他们接我。

么看法。但是，绝大部分村民对基督徒"不认祖宗"还是感到恼火。那么，平安县的状况又如何呢？从我调查的教外人士来看，他们对村民信教的态度主要分为以下几种类型：

第一种认为，信主就是为了治病，没病没灾的人很少会去信主。村民王立平就邻居信教的故事表述了自己的看法：

> "信主的人多数都是因为生病的缘故信的，这种事情在我们这儿太普遍了。邻居侯芳有脊椎病和高血压，每年需要支付一两千的医药费，丈夫去世后儿子也不怎么管她，医药费就成为缠在她心头的一块心病。后来，有邻居向她传教并告诉她只要诚心祈祷就可以减轻痛苦之后，她皈依了基督教。说来也奇怪，她信教一年多以后病痛就减轻了，现在还往教会跑呢。她这样的故事有很多，不过有时不是信主的人自己身体不好，而是家里有人身体不好，但是也信主了，这事儿就让我觉得挺奇怪的。不过，年纪轻轻，身体健康的人信主的比较少，大家也没有那闲工夫每周都去跑着。"

第二种认为，信耶稣和烧香磕头一样，都是迷信活动，就是图个心理安慰。小学语文教师范小奇的想法便是如此，她认为信主和信神只是形式不同，实质一样。

> "我觉得'信主'和'信神'没有什么区别，都是封建迷信活动。区别是神是中国的，主是外国的；信神的烧香磕头，信主的聚会唱歌；信神的都是自娱自乐，信主的是集体娱乐。这些都是村民心里有事，只是图个安慰。信神有神在，不信神没妨碍。不过，信主的人不能烧香，烧香的人不能信主，这个神不一样，两者都沾的话，就容易打架，哪个都不保佑自己。当时有人给我传教，和我说信主可灵，我就说自己没有时间。他们说的什么灵魂得救，谁能看得见啊，谁知道灵不灵啊，他们信了这么久，也没见他们的生活好到哪儿去。"

第三种认为，信主是教人修好的，让人们不打人、不骂人、不偷人的东西，光做好事不做坏事。访谈中，村民付小平述说了自己的理解，他讲到了信徒在强大的群体压力下可能会进一步约束自己的行为，让自己看起来像一个信主的人。

　　　　"村里信主的人给别人宣传时总是说，信主是让人学好的。不
　　　　过他们说的这些，都是普通人做人的基本准则，一个人不信主，也
　　　　不应该打人、骂人和拿别人家的东西。不过想想，他们这么说也有
　　　　一定的道理。一个信主的人，如果你还骂人，还说人坏话，别人就
　　　　会说，"你还信主呢，你这个是啥信主的人啊"。其实，信主的人有
　　　　一个外在约束，有时候他们还会开生活会，还会互相说一些事情，
　　　　你要去向主赎罪。"

　　第四种认为，信主就是娱乐一下，打发闲暇时间。村民认为老年人信主
是好事，每天在家也没事儿做，就当是锻炼锻炼身体，消磨消磨时间。但是
年轻人不应该信教，信教会影响干活，年轻时都应该在家好好干活。母亲信
主的彭家强述说了自己的想法。

　　　　"村里很多信主的人都是些老人，现在儿女都出去打工了，老
　　　　人整天在家也没有什么事做，去礼拜堂跑跑也挺好的。我母亲今年
　　　　都快 80 岁了，信主也有十多年了，现在每个礼拜都往教会跑，平常
　　　　村里聚会她也去。我就想着，她如果每天窝在家里，也没啥意思，
　　　　每个礼拜聚聚会，唱唱歌，心情就好了，身体也好了。"

　　第五种认为，信主纯属个人信仰，谁想信都行，而且现在政府也比较支
持[34]。村民认为现在国家都说信仰自由了，谁想信什么都可以，只要不信邪教，
不危害社会都可以。张继生便认为信不信教都是个人的选择，不危害乡里就
可以：

　　　　"基督教在农村不会发展地很好，也不会发展地不好，无关紧
　　　　要，这些都是个人的爱好，人各有志，顺其自然，况且现在政府都
　　　　不干涉，自己是一个普通老百姓，才不会去操心别人家的事儿呢。
　　　　信主的和信邪教的有区别，2012 年邪教的都在宣传世界末日，还说
　　　　什么黑三天，人们都买了很多蜡烛，最后才发现是一场闹剧。信主
　　　　的不宣传这些事情，他们都说什么信耶稣拯救灵魂，让人学好什么
　　　　的，我觉得只要不影响别人的生活，一个人想信什么信什么。"

　　第六种认为，信主的人总是讲述"信主的人死后上天堂，不信主的人就
下地狱"，让人听着很不舒服。在陈村教会，信徒向别人传教时经常会说，"活
着得平安，死后上天堂"，有时候也会给非信徒讲述不信主死后就会下地狱，

---

34 其实，政府并没有说支持个人信教，而只是说每个人有宗教信仰的自由。

这些说辞有时会遭致不信教的村民的反感。村民陈伟在谈及对基督徒的看法时，便颇多不愉快。

> "信主的人总是讲述很多奇迹，说耶稣行了很多奇事，这些事情有些也是真实，但是我觉得他们的话有些夸大，有的事情可能正好赶巧了，有些运气在里面。他们总说信主以后变化大，都是光做好事不做孬事，我觉得江山易改，本性难移。信主也不能改变人的本性，脾气大的还是脾气大，骂人的还是骂人，占小便宜的还是占小便宜，让我说信不信教都没有用。有个人给我传教说，信主的死后灵魂都可以上天堂，不信主的死后就会下地狱，这些话谁听着都恼火。"

当然，从访谈对象来看，几乎每一位受访村民都会回答，尽管自己不信教，但是有亲戚信教。一般而言，他们都会认为每个人都有选择自己信仰的自由，只要不危害社会即可，更何况按照世俗的角度来看，陈村教会真正属于村庄经济精英和政治精英的人都非常稀少，他们也因此认为信教与否对于村庄，对于社会也不会产生太大的影响，有的村民甚至更加直白：

> "少数身体健康的人领着一大群身患疾病的老年人，他们大多数都是村庄的弱势群体，他们想折腾也折腾不出什么事情来，他们想影响也影响不了谁。"

不过一般而言，如果一个受访者的父母或公婆信主，她们更容易给出肯定回答。但我们不能据此就判断他们的回答一定是客观的，也有可能因为研究者对于宗教的研究使他们故意做出美化基督教的应答。然而，在涉及到祭祖这样的问题时，村民回答却相对比较一致。这是因为"祭祖仪式在中国社会的重要功能是整合家族成员，保持个人的家族群体意识，以维持家族这一血缘共同体的长久存在。通过家族所有成员都参与的仪式，有助于保持家族群体对于传统和历史的记忆，维持道德信仰，强化自豪、忠诚和团结的情感，增强群体的凝聚力。"（杨庆堃，2007：48-57）换言之，祭祖仪式是父权制的重要表征，早已深深烙刻在每一个农民的心里，在他们的思想中，"最大的罪是不祭祖先"（温钦虎，2000）。

尽管伴随着多年来基督教在乡村的传播，人们对于基督徒不烧纸祭祖的行为已经相对宽容，但是他们几乎一致地认为，基督徒的这种行为是一种不孝的行为。在乡村生活日益个体化的今天，人们对于他人的事情越来越不关注，总觉得事不关己高高挂起。对于是否烧纸却是每个人都有自己的看法。有一个村民讲述了自己姑父过世时葬礼上的冲突，当时因为表妹信主的缘故，全家人都不烧纸，这让那些不信主的亲戚觉得丢脸，在众人面前抬不起头。事实上，一家人只要有一个人不信主，对于是否烧纸的争论和冲突便永远没有尽头。王晓伟回忆了自己当时说过的一些话：

> "贾村我姑父老了，我表妹信主，一信主就可以不拿纸不磕头，也不让妹夫烧纸。你能管几辈子，还是管一家的。你们都不烧香，国家的造纸厂不是都倒塌了啊。你怎么这么不孝顺，从小养活你，养活那么大，给老人磕个头脱离教会了。信教就有闲工夫，给来祖宗上坟烧纸的时候都没有时间。去上坟，都是祖祖辈辈传下来的，人老了，那你肯定需要哭，需要烧纸，需要上坟，他们也去，但是不烧纸，不磕头。……养儿防老呢，这么不孝顺，不要爹娘了。你信，那是你爹娘，你还能管住客人，客人都来了，你还不让烧纸。最后，他们还是选择烧纸了。"

有一位退休的老教师周家旺讲述了自己对于传统习俗的担忧，他认为给祖先烧香祭拜就是一种传统，不能用"迷不迷信"来说事，现在的社会变化很快，但是老祖宗留下来的东西不能全部抛弃，有些传统习俗该保持的还是需要继续保持。

> "信主的一直在说，信主是教人们做好事，但是连亲爹亲妈死了都不磕头，都不烧纸了，这些肯定不是好事。他娘死了都不磕头，不哭，不烧纸，我们都看不惯，这个和我们的习惯都是不一样的。信主的说烧纸都是老迷信，活的时候不孝顺，死了以后烧纸又有什么用呢。我们姑且不说是不是迷信的问题，烧纸就是一种老祖宗留下来的传统，是一种大家都遵守的习俗。乡村的人现在也能够接受，以前信主的人少，压力比较大。有一个逐渐演变的过程，信主的人在不断地增加，最起码比以前增加了许多。不信主的人基本上还是需要去坟地上坟的，人情淡漠好像是整个社会面临的问题。中国是一个礼教国家，不烧纸，不上供，绝对不是好事。娘死了还不哭，去了不吭声，我们看不惯这样的事情，这些和咱们的习惯都是不一样的。"

当然，伴随着多年来"信主的不烧纸"这句话的流传，乡村基督徒不烧纸的外界压力越来越少，很多村民尽管看不惯，但是也已经慢慢接受。"上坟烧纸"是村民普遍认可的一种孝道，基督徒不上坟烧纸的行为被认为"信了洋教就不去给父母烧纸，把自己的祖宗都丢了"。简单而言，烧纸作为一种传统，被认为与孝道紧密相联，村民常常会指责基督徒"不烧纸就是不孝"。这是农民最为朴素的一种心理，希望自己离世以后，在清明节、鬼节、春节都有子孙后代在自己坟上祭奠。在农村地区，很多家庭为了祭祀祖先，还会在家中正厅供奉神明处的右侧方摆设祖宗牌位，他们相信藉此可以获得祖先的神灵庇佑，并给家庭带来好运。乡民对于"上坟烧纸"行为的重视，其实质是祖先崇拜。祖先崇拜是中国民间信仰的重要表现形式，也是中国传统伦理道德和儒教伦理思想的重要表征。祭祖在传统社会的长期存续下，早已成了固有的伦理思想。一般民众也深信祖宗在天之灵拥有庇佑子孙或惩罚子孙的能力，因此祭祖除了含有慎终追远的意义外，也希望祖先能共享人间香火，永世庇佑子孙。在豫东农村，人们经常会说，"上辈子修来的福分"、"祖上积德，子孙受益"、"祖先有灵"，而且祖坟的风水被认为会影响一个家庭的运势，当一个家庭遭受厄运或家庭忽然不好的状况，便认为日子过得不好是因为祖坟风水不好，一般都会重新修坟，以盼望可以时来运转，改变目前的状况。

　　高师宁（2005a：254-257）在对北京基督徒的研究中指出，在对待中国传统的习俗，如祭祖、上坟、烧纸、磕头等活动，基督徒有三种不同的看法：

> "第一种是完全反对这些习俗，认为它们违反了基督教信仰，是偶像崇拜，因而也绝不参与类似的活动。第二种是从认识上反对，自己也不参与，但对他人的做法持宽容态度。第三种或改变形式参与这些活动，或者认为只要心里没有认同中国文化的这些习俗，其它一切都是形式，参与也无所谓。其中持第一种态度的人最多。"

陈村教会基督徒的看法又是如何呢？从实地调查结果来看，他们的态度与高师宁的研究发现并没有太大区别。"烧纸"属于偶像崇拜，而且与"孝道"之间似乎并没有任何关系。在访谈期间，多位基督徒表示了相似的观点，例如：烧纸是给死人做的，人死之后，烧纸已经没有任何意义。现在，有村民在父母生前都不孝顺，也不赡养老人，老人病了自己有钱也不舍得给老人医病，老人的生活他们不管不问，早已经忘记了父母对自己的养育之恩，在老人离世之后，却假装孝顺，为老人大操大办，都是做给别人看的。真正的孝顺，应该是在老人活着时好好照料，而不是死后再去做一些无用的事情。

　　老年人对于基督教的态度更多地偏向于不支持，在国家实施宗教信仰自由政策，村委会前的宣传栏里有专门关于宗教信仰政策的宣传，所以他们只是默认了基督教的存在，但是默认不等于认同。有一次我准备访谈信徒郭明月时，在范庄的磨房前遇见几位老人。在他们的眼中，信主和信神是完全不同的两个概念。信主，便是信仰耶稣，信仰上帝，信神，则是烧香磕头。

　　在村民眼中，即便偶尔烧香磕头，家里拜观音也没有打上封建迷信的烙印。而是认为：

　　　　"要么信主，要么信神，两者不能同时相信，否则的话，便会成为信主主不灵，信神神不灵。对于很多信主之后不再上坟的事情，他们认为父母辛辛苦苦养育自己那么长时间，死后都不去祭奠，有点儿不孝顺的感觉。"

　　与此同时，也有村民认为：

　　　　"这些其实都是个人的选择，他们信主的人有另外的一套道德约束，但是，不管怎么讲，信主是让人们学好，村庄里面信主的人多数还是一些老弱病残的人，对于他们来说，信主也是好事，身体强壮，家里有钱的人，没有几个信主的，信主的时候都是因为有事所求，主要都是生病。"

　　彭俊（2009）在田野调查中，经常会遇到村民举出反例，证明多数信徒"还是老样子"，爱骂的还是会骂，婆媳关系不好的还是照样不好，"歪脖子的还是歪脖子"。他遇到的情况在豫东地区同样存在。一些村民认为很多信主的人，他们在信主之后行为并没有发生太大改变，"经都是好经，他们念歪了。"

　　　　"信耶稣的人也会吵架，那不是让人学好嘛。很多信主的人，还在偷人家的东西。我感觉还没我们这些不信主的人好。人的品德和是不是信主都没有关系。你看有的人，越老越孬。都是街里的人，你信着主呢，该干什么干什么，本性孬的人，信什么都不中。本性好的人，信什么都好。你像那些本性孬的人，当官也是贪官。村庄四队的几个妇女，都是信主的，信主之后还是拾别人的庄稼。她们还振振有词，反正我自己的手是不当家，他们边偷着，边祷告着，主啊，请你宽恕我啊，我的手又不当家啦。"

　　　　"人的性格谁都改变不了。天堂，我们不知道，啥样子，谁都没有见过的，谁都不信，凭良心不办坏事就好了，只要办好事就好了。信主的事情，就是唱唱歌，跳跳舞，就是一种精神寄托，就是一种娱乐，一点儿意思都没有。俺们理解的就是这个，谁知道他们是怎么理解的。死了之后会下地狱吗？谁都不知道，因为都没有死过，死过的人也不会说话，谁知道呢。"

"你说你信主之后烧纸了，本来怎么样还是怎么样的；你就是不上坟，还是该咋着就咋着；你说你信主之后去上坟，也不会得病，也不会死啊；他们都是出事啦，才去信主的，还没有不信主的人过的好呢；信主的人不是出事的多，就是他们出事儿之后才信主的。你看那些信主的，拿别人家的一个瓜，拾别人家的麦子，捡别人家的玉米，都是偷偷摸摸。有打架的，骂人的，你看那些信主的人比我们还会骂人呢，也有偷人的，感觉信主不信主都是一样的。村子里面的哪个人啊，我们不能告诉你是谁。你像那些比较孬的人，信啥都是孬。平时孬的人，信什么都是孬。"

对老年人来说，他们一直接触的都是中国传统文化，其骨子里的观念仍然比较牢固。但对年轻人来说，他们对于是否信教则几乎没有太大感觉。对于他们来说，农村生活只是他们生活的很小一部分，他们的绝大部分时间生活在并不真正属于自己的城市，已经见证城市繁华的他们，更多地认为乡村的业余生活比较单调而且近乎无趣，人们参加基督教的活动也不一定真正是出于某种关于永生的追求，而只是某种打发闲暇时间的方式，况且老人每天呆在家里也无趣，到处跑跑反而好一些。杨乡各个村庄的祖祠早在文革期间就已经被摧毁，之后一直没有重建。因此，很多宗族力量比较明显的江南农村所出现的基督徒拒绝修建祖祠而引起的冲突在豫东乡村并未出现。

5.5 小结和讨论

乡村基督徒在参与宗教实践后塑造了新的生命，并逐步形成了新的身份认同和伦理观，他们成为"神的儿女"。在生活中，当基督徒在一起交流时，他们会使用一种内群体的"主内行话"，强化相互之间的认同，并成为区隔信徒与非信徒的重要表征。不论在生产中，还是生活中，殷勤都是基督徒所赞许的行为，并且形成强大的集体意识，手懒的基督徒受到群体排斥。很多基督徒经由参与聚会而形成了新的群体，并且相互之间结成了伙伴关系，成为日常生活中重要的交往对象。然而，亲属仍然是基督徒人际交往的最重要的群体，在遇到婚丧嫁娶这样的人生仪礼时，亲属仍然是人情往来最重要的人群，在遇到住房修建和子女结婚等需要大量现金支出时，亲属仍然是其重要社会支持群体。

在乡村社会，基督徒的禁忌集中表现为"拜偶像"禁忌，并且由此而引发基督徒与非基督徒之间的冲突。家庭分工方面，在打工经济盛行的背景下，信教并未成为改变家庭成员分工的主要因素，信教家庭与普通家庭的家庭分工和角色并没有明显的区别，换句话来说，由于传统习惯的延续，基督教信仰并未打破原有的家庭结构而形成新的结构。然而，在家庭成员关系方面，很多基督徒在信仰基督教之后与家人的关系得以改善，这从很多信徒因家庭关系不和，信教后学谦卑、学忍耐，家庭关系转好的故事便可以看出。但是基于各种因素，我们并没有证据表明基督徒家庭比非基督徒家庭成员关系更好，也没有证据表明基督徒家庭就一定比非基督徒家庭更孝顺。举例而言，在家庭经济条件非常有限的情况下，因为难以承受昂贵的治疗费用，而没有让父母去更好的医院接受治疗，便是一个伦理学的难题，我们不能简单地归纳为"孝"或"不孝"。与非基督徒相比，基督徒既有内在的荣神动力，"当孝敬父母"是十条诫命之一，应该履行；又有外在的群体压力，不孝的基督徒有被他人排斥的风险，也有被非信徒鄙视的风险。简言之，"唯恐羞辱了耶稣的名"成为基督徒孝顺之道的来源与动力（李华伟，2013）。

乡村的基督教群体是一个内部分化非常明显的群体，因为每个人信教的初始动机不同、家庭状况不同、对于信仰的认知不同，因此，基督教对信徒的伦理重塑便呈现出各种各样的结果。我们从陈村教会便可以看出，除去少数宗教精英会尽可能按照基督教教义重塑自己的行为方式之外，绝大多数普通信徒的行为在信教前后的变化并不明显，当然，"不烧香磕头拜偶像"对于每个信徒来说都有深远影响。在上文，我已经提及，乡村基督徒的信仰是一种"简单信仰"，他们对于基督教认知相对比较有限，对于基督教的历史也不了解，一个人在对教义认知有限的情况下当然难以严格按照教义规定去约束自己的行为[35]。他们多数按照自己的理解，重新改变着自己的行为。

---

[35] 但是，我们没有办法否定的是，乡村教会有很多老年信徒，他们都是在圣经知识很匮乏的背景下，坚持聚会、祷告、唱诗，维系着自己虔诚的信仰，并努力在生活中约束自己的行为。对他们来说，我们不能总拿宗教知识缺乏这样的问题来评判他们的信仰。

　　乡村的基督教群体是一个充满异质性的群体，群体内部的分化非常明显，并非每一个基督徒信教后都会完全将基督教教义内化为指导个人行为方式的准则和个人伦理道德的源泉。大部分乡村基督徒皈信之初便具有"功利"的倾向，而多年的宗教活动参与之后仍然没有完全逃离"灵验"的取向，主日聚会基督徒的见证中夹杂着各种因为蒙受主恩而选择"给主发光作见证"的话语。

　　"祭祖问题"是乡村基督徒与非基督徒之间存在的主要冲突，并逐渐演化为新时代的"礼仪之争"。正如邢增福（1997：3）所言，"打从基督教与中国文化相遇以降，祭祖问题一直成为双方争议的焦点，迄今未有止息。"这是因为祖先崇拜是中国宗教的基本取向，"中国人拜祭祖先，不仅包容了一切中国人崇敬超自然的一般特征，而且也加强了中国人对其他宗教信仰的验证。所以，祭祖是中国社会不可少的风俗，从家庭到政府，从地方生意到国家经济"（许烺光，1993：311）。基督教认为祭拜祖先是"拜偶像"的一种表征，是应该被严格禁止的[36]。在中国历史上，"祖主之间"的冲突曾经在多个地区上演，并被称为"仪礼之争"[37]。而在豫东农村地区，伴随宗族的弱化，基督徒上世纪八九十年代在"祭祖问题"上曾经面临的强大的宗族压力和社会压力正在逐渐淡化，他们逐渐形成了"信主的不烧香，不磕头"的话语权，并开始挑战人们惯常的孝道观念。村庄的中老年人对于基督徒的这种"不孝行为"仍然嗤之以鼻，这种发生在新时代的"礼仪之争"将会长期存在。

---

36 这从《摩西十诫》的前两条经文便可一窥其里。

37 中国礼仪之争（Chinese Rites Controversy）是一个具有特定含义的概念，指 17 世纪中到 18 世纪中在华传教士内部及传教士与罗马教廷之间展开的有关中国传统祭祀礼仪性质的讨论（张国刚，吴莉苇，2003），李天纲的《中国礼仪之争：历史·文献和意义》一书进行了全面细致的阐释。